Die schönsten Tagestouren in Südtirol

Hans Dosser

Die schönsten Tagestouren in Südtirol

Der Luftbildatlas
55 Touren zwischen Ortlergruppe und Sextener Dolomiten

Tappeiner Verlag

Inhalt

1

Auf dem Langtauferer Höhenweg nach Melag

Von Gschwell sonnseitig zu den Schwemmseen hinauf und den herrlichen Höhenweg entlang bis Melag

Anfahrt: über die Staatsstraße Vinschgau bis Graun am Reschensee, rechts ab ins Langtauferer Tal bis zum Weiler Gschwell.
Parken: Parkmöglichkeit entlang der Straße.
Sehenswürdigkeiten: der alte Kirchturm im See bei Graun.

Von Graun im oberen Vinschgau geht das noch sehr ruhige Langtauferer Tal bis zu den Füßen der Weißkugel (3738 m). Der Langtauferer Höhenweg führt eigentlich von Graun bis nach Melag. Von dieser vielstündigen Tour wird hier der zweite und schönere Abschnitt als Rundwanderung empfohlen.
Jahreszeit: Sommer bis Herbst, im August u. U. etwas heiß.
Freuden: der Panoramablick vom Höhenweg zur Breitseite der Weiß-

Das Abenteuer Wandern beginnt schon in der Talsohle …

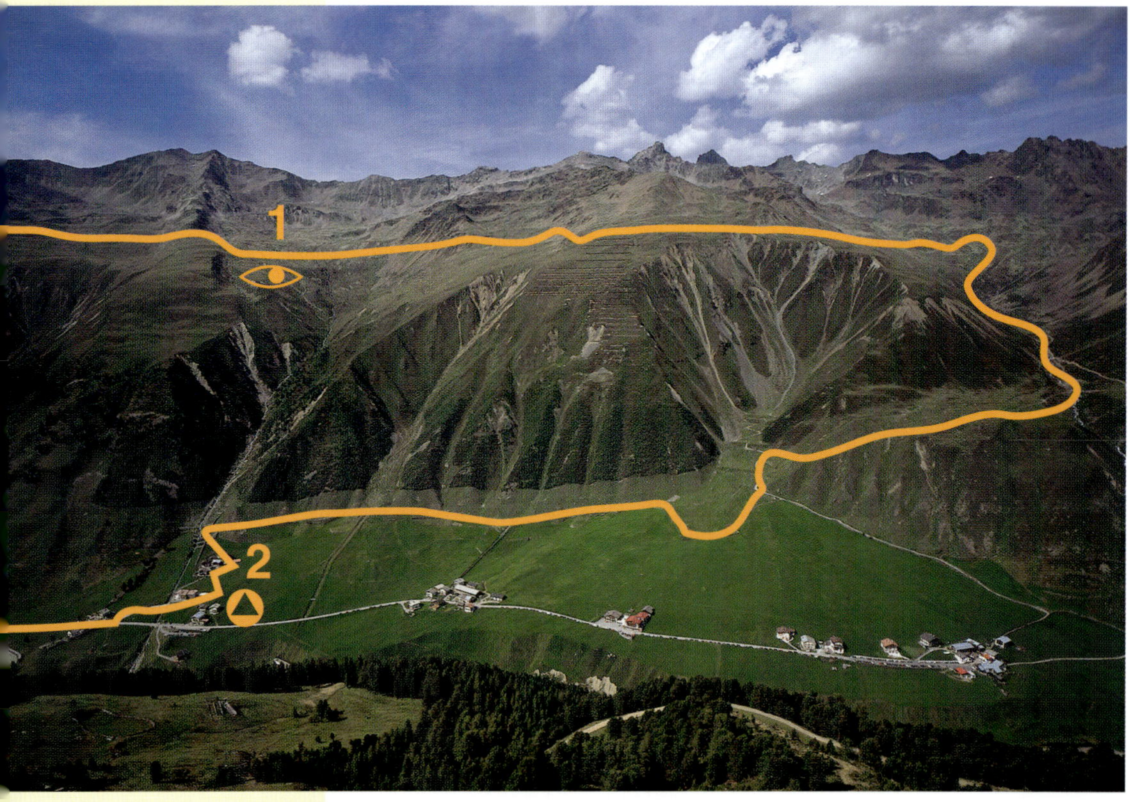

Die Weißkugel und die gleichnamige Schutzhütte im hinteren Langtauferer Tal.

kugelgruppe mit ihren prächtigen Gletschern.
Mühen: im Anstieg 800 Höhenmeter, ca. 2½ Std., Gesamtgehzeit 5½ Std., etwas anstrengend, aber sehr lohnend.
Ausgangspunkt: Gschwell, 1816 m, kleiner Weiler, mit Auto und Bus von Graun aus erreichbar.
Der Weg: Von Gschwell, auf Weg Mark. 8 zuerst durch Lärchenwald, dann über baumlose Hänge hinauf zu den
1 Schwemmseen, auf dem Höhenweg – stets mit der 4 markiert – in leichtem Auf und Ab bis ins Melagtal hinein.

Mit Mark. 1 durchs Melagtal und rechts über dem Weiler Melag talaus bis 2 Kappl. Nun das kurze Stück bis Gschwell die Fahrstraße entlang.

Der Kirchturm im Reschensee verrät noch, wo einst das Dorf Graun stand. Ein Blick auf die Schattenseiten des technischen Fortschritts.

2

Stilfser Höhenweg – das Ortler-Panorama

Tagestour auf einem alpinen Höhenweg – am Südhang des Stilfser Kammes entlang – mit herrlichem Blick auf die Gletscherwelt der Ortlergruppe bis zum Stilfser Joch

Anfahrt: im Vinschgau bis Spondinig, Abzweigung Richtung Stilfser Joch bis Trafoi.
Parken: beim Hotel Post in Trafoi; hier ist die Haltestelle der Buslinie aufs Stilfser Joch.
Sehenswürdigkeiten: in Prad die Kirche von Agums, leicht außerhalb des Dorfes.

Diese Rundwanderung unternehmen wir mit Benützung von Linienbus und Sessellift. Einkehr ist am Joch und auf der Furkelhütte am Ende des Weges möglich.
Jahreszeit: Sommer und Herbst, beste Monate Juli bis September.
Freuden: alpine Wanderung im Abwärtsgang, herrliche Fotomotive am Goldsee und von der Furkelhütte.
Mühen: 700 m Höhendifferenz auf leicht abschüssigem Bergsteig bis

Auf das Stilfser Joch (2720 m) führt eine der höchsten Passstraßen der Alpen. Bei den letzten Kehren beginnen die Motoren der Kraftfahrzeuge die dünne Luft zu spüren.

Die Ortschaft Stilfs, im Hintergrund die Gletschergipfel der Ortlergruppe.

zur Furkelhütte, mittelschwer, alpine Ausrüstung und Trittsicherheit erforderlich. Gesamtgehzeit gute 3 Std., Busfahrt von Trafoi zum Joch ca. 1 Std.

Ausgangspunkt: Stilfser Joch (2720 m), mit dem Linienbus von Trafoi oder auch von Prad aus erreichbar.

Der Weg: Vom ❶ Stilfser Joch aus zunächst leicht ansteigend auf Weg Mark. 20 Richtung Dreiländerspitze (Überreste der Baracken aus dem Ersten Weltkrieg erkennbar), später eben und dann stetig abwärts auf teilweise abschüssigem Weg bis zur

❷ Furkelhütte mit herrlicher Aussichtsterrasse.

Abstieg: Den Startpunkt in Trafoi (1543 m) erreicht man bequem mit dem

❸ Sessellift, oder im Abstieg über den Waldweg (etwa 40 Min. Gehzeit).

3

Hintere Schöntaufspitze – ein Dreitausender zum Herantasten

Eine alpine Wanderung ohne besondere Schwierigkeiten mit grandiosem Rundblick über die gesamte Ortlergruppe

Anfahrt: im Vinschgau bis Spondinig, hier Abzweigung Sulden und bis zur Seilbahnstation am Ende des Dorfes.
Parken: am Parkplatz der Seilbahnen Sulden, gebührenfrei.
Sehenswürdigkeiten: das kleine alpine Museum gegenüber dem Hotel Post in Sulden.

Von Sulden, dem höchsten Dorf Südtirols, gelangen wir am Beginn dieser Tour mit der Seilbahn bequem ins Hochgebirge.
Jahreszeit: Sommer und Herbst bis in den Oktober hinein, beste Monate sind Juli und September.
Freuden: der Panoramablick auf das fotogene Dreigestirn mit Ortler, Zebrù und Königsspitze. Einkehrmöglichkeiten bei der Bergstation, auf der Schaubachhütte (2573 m, alpines Schutzhaus) oder auch auf der Madritschhütte (2817 m).
Mühen: 750 m Höhendifferenz in leichtem bis mittlerem Anstieg, alpine Ausrüstung erforderlich,

An der Schaubachhütte – dank Seilbahn ein bequem erreichbares Ziel mit eindrucksvollem Ortlerblick – beginnt in knapp 2600 Metern die hier vorgestellte Dreitausender-Wanderung.

nicht schwierig, sehr lohnend, Gesamtgehzeit 4 Std.
Ausgangspunkt: Sulden (1844 m), mit Auto und Linienbus erreichbar, die Bergstation der Seilbahn von Sulden auf 2581 m ist Startpunkt der Tour (im Sommer erste Bergfahrt um 7 Uhr).
Der Weg: Am Ende des Suldentals Auffahrt mit der

1 Seilbahn, dann auf Weg Mark. 151 mäßig ansteigend zum Madritschjoch und über einen leichten Grat zum
2 Gipfel der Hinteren Schöntaufspitze auf 3320 m.
Der Abstieg erfolgt auf derselben Route.

»Wo König Ortler seine Stirn hoch in die Lüfte reckt…«, wie es im beliebtesten Heimatlied Südtirols heißt, da liegt das Dörflein Sulden, Ausgangspunkt für Wanderungen und Bergtouren.

4

St. Martin – Schlanders – eine Vinschgauer Sonnenbergwanderung

Nach St. Martin am Kofel führen ausgedehnte Wanderrouten durch den Vinschgauer Sonnenberg. Eine der lohnendsten wird hier vorgestellt

Anfahrt: durch den Vinschgau bis nach Latsch, von Süden kommend bis zur Seilbahnstation am Eingang des Dorfes.
Parken: am Parkplatz der Seilbahn St. Martin, gebührenfrei.
Sehenswürdigkeiten: in Latsch der Lederer-Altar, ein gotisches Meisterwerk in der alten Spitalskirche.

Dieser Wandertipp führt mit der Seilbahn von Latsch schnell zum Bergweiler mit Kirche und herrlicher Aussicht auf 1736 m. In weitem Bogen verläuft der Weg Richtung Westen, vorbei an den Bergbauernhöfen Egg und Forra,

Spätgotischer Glanz in der alten Spitalskirche von Latsch – der meisterhafte Flügelaltar stammt aus dem frühen 16. Jahrhundert und ist ein Werk des Jörg Lederer.

die in extremer Steillage am Sonnenberg kleben und noch immer bewohnt und bewirtschaftet werden. Über Schlandersburg erfolgt der Abstieg ins Tal nach Schlanders.

Jahreszeit: kann fast das ganze Jahr über begangen werden; beste Zeit Frühsommer und Herbst, im Sommer etwas warm.

Freuden: die Aussicht ins Tal und auf die Gletscher.

Mühen: der Weg überwindet im Abstieg 1000 Höhenmeter und ist erst im Schlussstück etwas steil, ansonsten leichte Tagestour, Gehzeit knapp 3 Std.

Ausgangspunkt: Seilbahnstation in Latsch, auch mit Bus erreichbar.

Der Weg: Mit der Seilbahn nach

1 St. Martin, dann auf Weg Mark. 14 zuerst eben, später absteigend über den Sonnenberg bis zur

2 Schlandersburg. Von dort kurzer steiler Abstieg nach

3 Schlanders und Rückfahrt per Bus bis zur Talstation der Seilbahn.

St. Martin am Kofel klebt buchstäblich am Kofel (Berg) in steiler Hanglage. Dafür ist die Aussicht um so lohnender, sowohl ins Tal als auch auf die Gegenseite, zum bewaldeten Nörderberg.

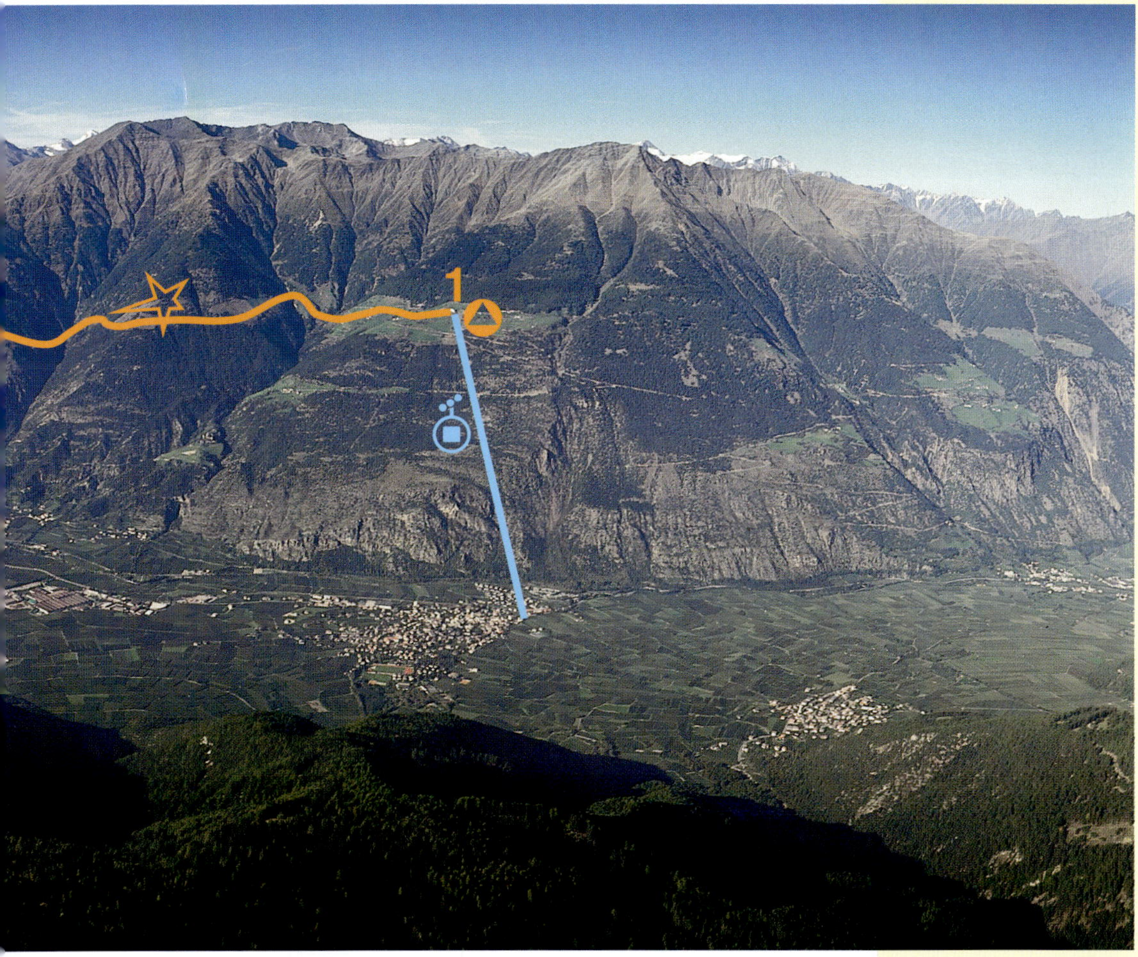

5

Hüttenwanderung zur Marteller Hütte an der Konzenlacke

Die Fahrt ins Martelltal führt in eine ursprüngliche Welt. Hier wurde noch wenig gebaut, und hinter dem Stausee öffnet sich ein Naturparadies, das Sie auf dieser Tour kennen lernen werden

Anfahrt: durch den Vinschgau bis Goldrain, Abzweigung Martell.
Parken: großer Parkplatz am Ende der Fahrstraße im hintersten Talabschnitt.
Sehenswürdigkeiten: Schlossruine Obermontani, am Eingang des Tales gelegen.

Diese einfache Bergwanderung führt zum alpinen Schutzhaus Marteller Hütte am Bergsee »Konzenlacke« direkt unter den Gletschern des Zufall- (Betonung: Zufall) und des Fürkeleferners. Zwei Schutzhütten entlang des Weges.

Die Ruine Obermontani am Eingang des Martelltals; hier wurde eine Abschrift des Nibelungenliedes gefunden, die heute in Berlin aufbewahrt wird.

Einen Fuß vor den anderen zu setzen und einfach von Hütte zu Hütte zu wandern, stimmt Leib und Gemüt auf den richtigen Rhythmus ein.

Jahreszeit: Sommer bis Ende September.
Freuden: ursprüngliche Hochgebirgswelt mit mächtigen Gletschern.
Mühen: die Zielwanderung bewältigt 550 m Höhendifferenz; Gehzeit im Aufstieg 2 ½ Std., im Abstieg 2 Std., leicht und sehr lohnend.

Ausgangspunkt: Enzianhütte (2050 m) im inneren Martelltal, P, auch mit Linienbus erreichbar.
Der Weg: Vom Parkplatz Nähe
❶ Enzianhütte auf Weg Mark. 150 hinauf zur schön gelegenen
❷ Zufallhütte (2265 m), weiter südwestwärts bis zu einem Steindamm und links auf Weg Mark. 103 empor zur
❸ Marteller Hütte (2610 m). Rückweg wie Anstieg.

6

Durchs Pfossental zu den Eishöfen

Das Pfossental, ein Seitental des Schnalstals, führt ins Hochgebirge des Naturparks Texelgruppe. Es ist eines der schönsten und naturbelassensten Hochtäler Südtirols

Anfahrt: bei Naturns Abzweigung ins Schnalstal, nach etwa 10 km rechts ab ins Pfossental bis zum Ende des Fahrweges.
Parken: beim »Vorderkaser«, einem Bauernhof, gebührenpflichtig.
Sehenswürdigkeiten: die Ortschaft Karthaus mit den Überresten des 1924 abgebrannten Kartäuserklosters; im Sommer finden hier Kunstausstellungen statt.

Almen und Wälder: fließend scheint die Baumgrenze zu verlaufen. Die Menschenhand ist in den hoch gelegenen Bergtälern kaum mehr zu bemerken.

Das Pfossental kann von Vorderkaser bis zu den Eishöfen in einer gemütlichen Wanderung begangen werden, die nach oben bis zum Eisjoch verlängert werden kann. Der Wildreichtum lässt den aufmerksamen Wanderer morgens Gämsen, Rehe und Steinböcke erspähen. Einkehr beim Eishof oder an der Rableitalm.

Jahreszeit: Sommer und Herbst, beste Monate sind Juli und September.
Freuden: nach dem Aufstieg ruhiges, weites Hochtal.
Mühen: alpine Wanderung mit geringer Höhendifferenz von ca. 400 m; Gehzeit hin und retour knapp 3 ½ Std.
Ausgangspunkt: Vorderkaser im Pfossental (1676 m), mit dem Auto erreichbar, P.
Der Weg: Vom Gasthof
❶ Vorderkaser auf Weg Mark. 24 unfehlbar zum
❷ Eishof (2069 m) im Pfossental. Rückweg auf derselben Route, oder
Variante zur Ausdehnung der Tour: weiter bis zur
❸ Stettiner Hütte (2875 m) am Eisjoch, von Vorderkaser ca. 3 ½ Std.

Karthaus ist teilweise noch umgeben von den Mauern des einstigen, zu Beginn des 20. Jahrhunderts vollständig abgebrannten Klosters des Kartäuserordens.

3
2
1

7 Vom Schnalstal ins Himmelreich

Schnalstal – Tschars – eine Wanderung vom Gletscherbach zu den Reben

Anfahrt: durch den Vinschgau bis zur Einfahrt ins Schnalstal.
Parken: am Eingang ins Schnalstal, gegenüber dem Schnalser Hof.
Sehenswürdigkeiten: St. Prokulus in Naturns sowie das Schloss Juval, beide entlang dieser Tour.

Mit dem Bus durch die Schlucht des Schnalstales, auf einem echten Waalweg dem Leben spendenden Wasser folgend nach Juval, wo ein uriger Bauernhof und ein stolzes Schloss zur Kultur einladen, über den schönsten Vinschgauer Sonnenberg, dann Abstieg ins »Himmelreich«, von den Kartäusermönchen so benannt, weil sie von den kalten Klostermauern hierher zum Arbeiten gehen durften.

Jahreszeit: kann das ganze Jahr über begangen werden, im Hochsommer etwas heiß.
Freuden: der vielleicht schönste Waalweg in Südtirol, das Schloss Juval.

Im trockenen Vinschgau haben die Menschen schon früh Berieselungsanlagen gebaut. Ein System von Waalen (Bewässerungsgräben) und Waalwegen erschließt die Berghänge.

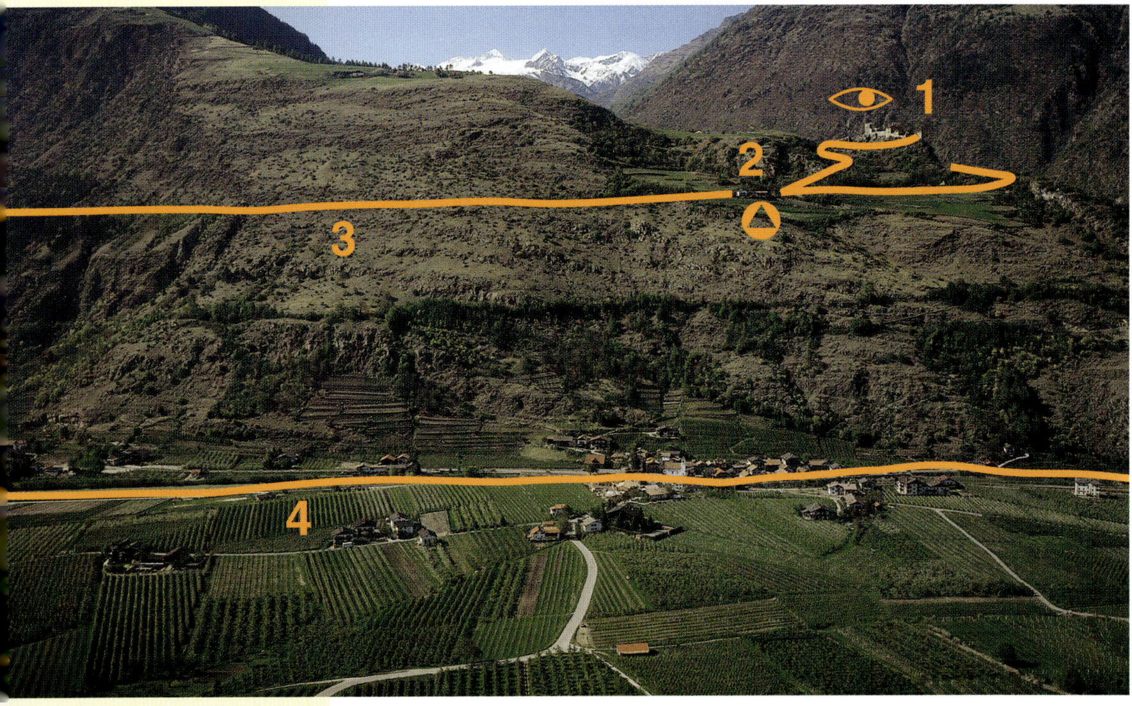

Das Schloss Juval thront wie ein Wächter am Eingang des Schnalstales.

Mühen: leichte, etwas ausgedehnte Wanderung ohne Anstiege, anfangs Trittsicherheit notwendig, Zeitbedarf 4 Std. ohne Busfahrt.
Ausgangspunkt: eine Bushaltestelle vor Neuratheis im Schnalstal.
Der Weg: Gegenüber der Haltestelle bergseitig Beginn des Waalweges (ausgeschildert). Der Weg führt den etwas steilen Flanken folgend nach
❶ Juval, Schlossbesuch und
❷ Einkehrmöglichkeiten. Dann dreht der
❸ Waalweg in den Sonnenberg und führt zunächst durch spärliche, dann durch üppige Vegetation dem Waal entlang. Abstieg zum ausgeschilderten Himmelreicher, durch die Obstgärten hinunter zur Staatsstraße, diese querend vorbei beim Hotel »Sand« zur Etsch. Nun auf der
❹ Uferpromenade nach Staben und kurz der Straße entlang zum Parkplatz.

Das Wasserrad und die Waalschelle sind kein Kinderspielzeug, sondern eine akustische Funktionsanzeige des Bewässerungssystems: Alarm ist, wenn man nichts hört – dies nämlich kann nur bedeuten, dass das Wasser nicht mehr fließt …

8

Meran – Dorf Tirol – über den Tappeinerweg zum Schloss Tirol

Vom Zentrum der Kurstadt Meran durch die mediterran bepflanzten Anlagen entlang des Tappeinerwegs bis nach Gratsch führt diese kulturhistorische Rundwanderung nach St. Peter und zum Stammschloss der Tiroler Grafen hinauf

Anfahrt: über die Thermenallee.
Parken: großer Parkplatz im Zentrum der Stadt.
Sehenswürdigkeiten: die Kirche St. Peter und Schloss Tirol entlang der Wanderung bzw. die Landesfürstliche Burg in Meran.

Schloss Tirol, nun restauriert, ist allein der Burgkapelle wegen einen Besuch wert. Soviel für den Geist – aber auch für die leiblichen Genüsse ist auf diesem Weg gesorgt.
Jahreszeit: kann das ganze Jahr über begangen werden; das Schloss ist geöffnet von Ostern bis 1. November. Im Sommer etwas heiß, beste Monate sind Mai und Oktober.
Freuden: die kulturhistorischen Sehenswürdigkeiten entlang des Weges durch eine einmalige Landschaft.
Mühen: ausgedehnte, aber leichte Rundwanderung mit kurzem, steilem Aufstieg; Gehzeit 3 Std. Auch mit Bus nach Dorf Tirol in umgekehrter Richtung für all jene empfehlenswert, die es gern gemütlich haben.
Ausgangspunkt: Meran, Stadtzentrum, oder mit Bus nach Dorf Tirol.
Der Weg: Von den Meraner Lauben zum

Blick auf das Meraner Becken mit der Stammburg der Grafen von Tirol, die Namen gebend war für Gesamttirol.

❶ Tappeinerweg und bis zu dessen Ende in Gratsch, dann die Fahrstraße aufwärts und rechts über den steilen Pilgerweg zum Kirchlein St. Peter (sehenswert). Weiter zum
❷ Schloss Tirol. Von hier nach
❸ Dorf Tirol, über die Falknerpromenade gegen Süden und die Dorfstraße entlang, bis nach rechts der Tiroler Steig hinunter zum Tappeinerweg und zurück in die Stadt führt.

In Meran beginnt der Frühling oft schon im Winter.

9

Über den Maiser Waal zu den Burgen in Schenna

Eine Wanderung in der »unteren Etage«, abwechslungsreich über Waalwege, einsame Waldwege hinauf in ein lebhaftes Dorf mit Schloss und einem für Südtiroler Verhältnisse einmaligen Kirchhügel

Anfahrt: in Meran-Obermais Richtung Lazag zum Ofenbauer.
Parken: beim Gasthof Ofenbauer.
Sehenswürdigkeiten: entlang des Weges Schloss Schenna sowie der Kirchhügel in Schenna.

In Schenna stehen das romanische Urkirchlein, die alte Pfarrkirche und ein neugotisches Mausoleum dicht beisammen und man blickt in eine begnadete Landschaft. Über einen uralten Steinweg geht es durch Weinberge zurück.
Jahreszeit: kann außer im Hochsommer das ganze Jahr über begangen werden.

Freuden: Kultur zum Erleben, Einkehr.
Mühen: leichte Wanderung, geringer Höhenunterschied, Gehzeit 2 ½ Std.
Ausgangspunkt: beim Gasthof Ofenbauer.

Zwischen Wein und Obst liegt Schenna mit seinen Kirchen und Schlössern.

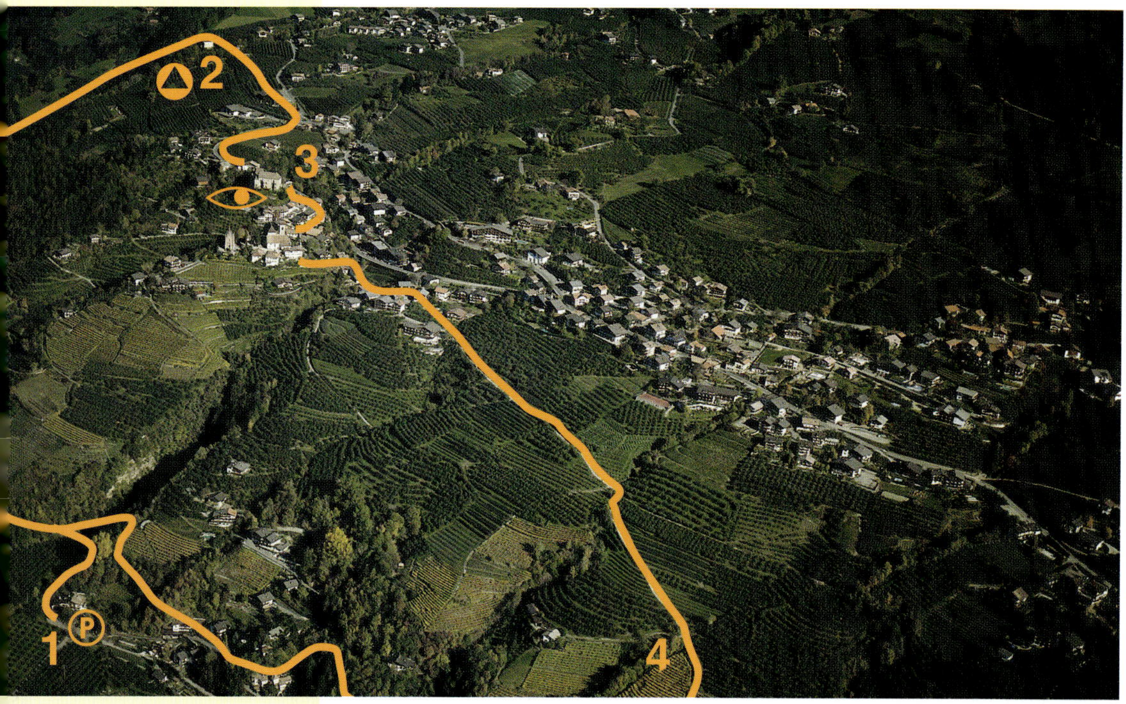

Der Innenhof von Schloss Schenna – den Blick vom Südbalkon sollte man sich nicht entgehen lassen.

Der Weg: Vom

❶ Ofenbauer (Gastbetrieb) kurz hinauf zum Waalweg, diesem links taleinwärts folgend bis zur beschilderten Abzweigung nach Schenna. Durch den Wald hinauf zur Straße und dort dem Schild »Schloss Thurn« folgend hinauf zum

❷ Thurnerhof (Vaterhaus des Autors), Einkehrmöglichkeit. Auf einem Feldweg Richtung Dorf, hinunter zum

❸ Schloss Schenna und zum Dorfplatz. Beim Hotel Schennerhof rechts ab auf Weg Mark. 4 (Beschilderung Meran) durch Obstanlagen, später durch Rebhänge übers

❹ »Stickle Gassl« hinunter zum Waalweg und diesem rechter Hand folgend zurück zum Ausgangspunkt.

Blick auf das gegenüberliegende Dorf Tirol mit Mutspitze und Tschigat im Hintergrund.

10

Vom Weintal über den Wallburgweg

Der Vinschgauer Sonnenberg kann auf mehreren Etagen und fast das ganze Jahr über durchwandert werden. Besonders schön sind jene Abschnitte, die, wie der hier vorgestellte bei Naturns, über Waalwege führen

Anfahrt: durch den Vinschgau; bei Plaus, von Süden kommend, rechts ab zum Gasthof Weintal.
Parken: beim Gasthof Weintal.
Sehenswürdigkeiten: die Kirche St. Prokulus in Naturns.

Diese Rundwanderung führt zum Panoramaweg, über den Wallburgweg und auf dem alten Waalweg (leider wurde die Wasserführung schon vor Jahren in Rohre verlegt) über Naturns hinweg, vorbei an alten Bauernhöfen ins Dorf hinun-

Naturns ist Ausgangspunkt vieler Sonnenberg-Wanderungen.

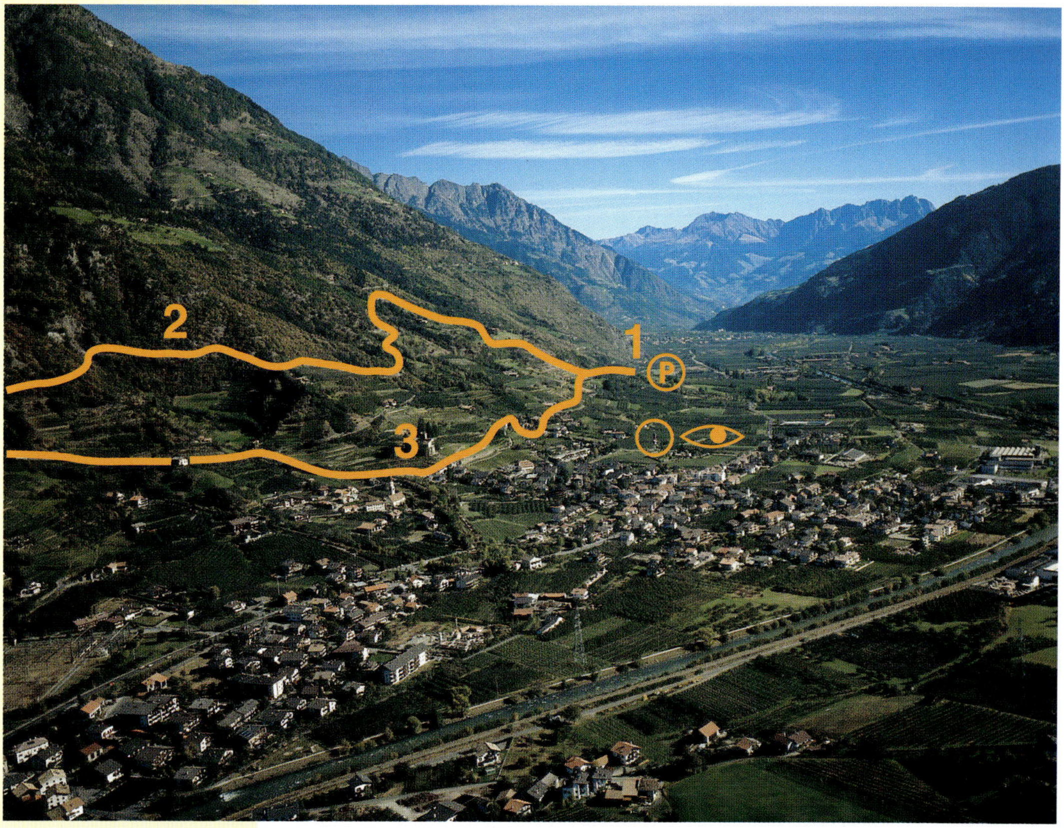

ter und durch Obstkulturen zurück ins Weintal.

Jahreszeit: kann außer im Hochsommer das ganze Jahr über begangen werden.

Freuden: die Kulturlandschaft des Sonnenberges in einem Spaziergang.

Mühen: leichte Rundwanderung mit geringem Höhenunterschied, Gehzeit ca. 4 Std.

Ausgangspunkt: das Weintal, kurz vor Naturns.

Der Weg: Hinter dem Gasthof
1 »Weintal« hinauf zum Panoramaweg, diesem entlang Richtung Naturns; in Bachnähe auf Weg Nr. 4 kurz bergan, an einem alten Bauernhof vorbei und weiter Richtung Grubhof bis zur Höfestraße. Dieser nun bergab folgend und rechts über den
2 Wallburgweg auf ebenem Weg hoch über Naturns vorbei bis zur Felsschlucht des Schnalstales.

Naturns ist nicht nur für das Wandern lohnend: Mit dem Kirchlein von St. Prokulus und seinen karolingischen Fresken, die zu den ältesten des Landes gehören, besitzt der Ort eine kunsthistorische Rarität.

Abstieg ins Dorf, an Höfen und unter
3 Schloss Hochnaturns vorbei und über die Promenade zum Panoramaweg, der ins Weintal zurückführt.

Die Texelgruppe, von Süden gesehen; in der Mitte die Kirchbachspitze, die mit einer Höhe von 3053 m den Ort Naturns um mehr als zweieinhalbtausend Meter überragt.

11

Wandern im Naturpark Texelgruppe

Die hochalpine Überschreitung der Berggruppe von Algund nach Pfelders ist eine der großartigsten Unternehmungen im Meraner Raum für alle jene, die über Bergerfahrung verfügen

Anfahrt: durch die Ortschaft Algund bergwärts zum Sessellift Vellau.
Parken: am Parkpkatz der Talstation, gebührenfrei.
Sehenswürdigkeiten: die moderne Pfarrkirche von Algund.

Die Texelgruppe steht wie eine Mauer schützend im Norden der Kurstadt Meran. Die fast abweisende Gebirgsgruppe ist im Süden sehr steil, aber mit zwei Liften von Algund aus über die Leiteralm und den Hochgang relativ leicht bis Pfelders zu überschreiten. Die Tagestour führt zu dem Naturwunder der Spronser Seen und bleibt Bergerfahrenen vorbehalten. Einkehr beim Hochganghaus (1839 m, alpine Schutzhütte) und an der Faltschnalalm (1872 m).
Jahreszeit: Sommer bis Ende September.
Freuden: die Hochgebirgswanderung entlang der Spronser Seen.
Mühen: Die Tagestour erfordert Ausdauer und alpine Ausrüstung. Gehzeit von der Leiteralm zur Hochgangscharte gute 3 Std., zum Spronser Joch 1 ½ Std. Abstieg nach Pfelders 2 Std.
Ausgangspunkt: Algund, Sessellift nach Vellau; mit Auto und Linienbus erreichbar.
Der Weg: Von Algund mit dem Sessellift nach Vellau (hierher auch mit Auto) und mit dem Gondellift zur prächtig gelegenen Leiteralm; kurz hinauf zum Meraner Höhenweg (Mark. 24) und zum Hoch-

Am Hochgang und in der Nähe der Spronser Seen finden sich prähistorische Schalensteine und Sonnenräder, wenn man die Gegend mit aufmerksamen Augen ansieht.

ganghaus, dann steil hinauf auf dem gesicherten Steig zur

❶ Hochgangscharte (2455 m), am Langsee vorbei und kurz hinunter zum

❷ Grünsee. An der Weggabelung folgt man dem Steig Mark. 6 zum

❸ Spronser Joch (2581 m, höchster Punkt der Wanderung). Abstieg durchs Faltschnaltal nach Pfelders und Rückfahrt mit dem Bus nach Meran.

Auf den Wanderwegen durchquert man oft die Fluren der Bauern. Das Wandern und die Landwirtschaft leben hier in friedlichem Nebeneinander.

12 Von Schenna auf die Ifingerhütte

Eine leichte Wanderung für Sommertage, mit Einkehrmöglichkeiten in reicher Zahl

Anfahrt: nach Schenna; am Dorfanfang rechts zur Seilbahn »Taser«.
Parken: an der Talstation eigener Parkplatz.
Sehenswürdigkeiten: in Schenna siehe Tourentipp Nr. 9.

Eine kleine Seilbahn bringt den Wanderer schnell in die Höhe und eine leichte Sommerwanderung führt über ruhige Waldwege hinauf zu einer reizend versteckten Schutzhütte. Die Ifingerhütte ist zwar eher ein Berggasthaus als eine Schutzhütte, aber sie ist gemütlich klein geblieben. Die Rundwanderung über Egger und Greiter ist von vielen weiteren Einkehrmöglichkeiten gesäumt und kann beliebig ausgedehnt werden, die Beschilderung ist sehr gut.
Jahreszeit: vom Frühsommer bis Spätherbst begehbar, auch im Hochsommer nicht überlaufen.
Freuden: eine ruhige Wanderroute inmitten eines touristisch hochentwickelten Gebietes.

Die Gegend um und oberhalb Schenna ist ein herrliches Wandergebiet: zahlreiche Almen und Gipfel stellen lohnende Ausflugsziele dar.

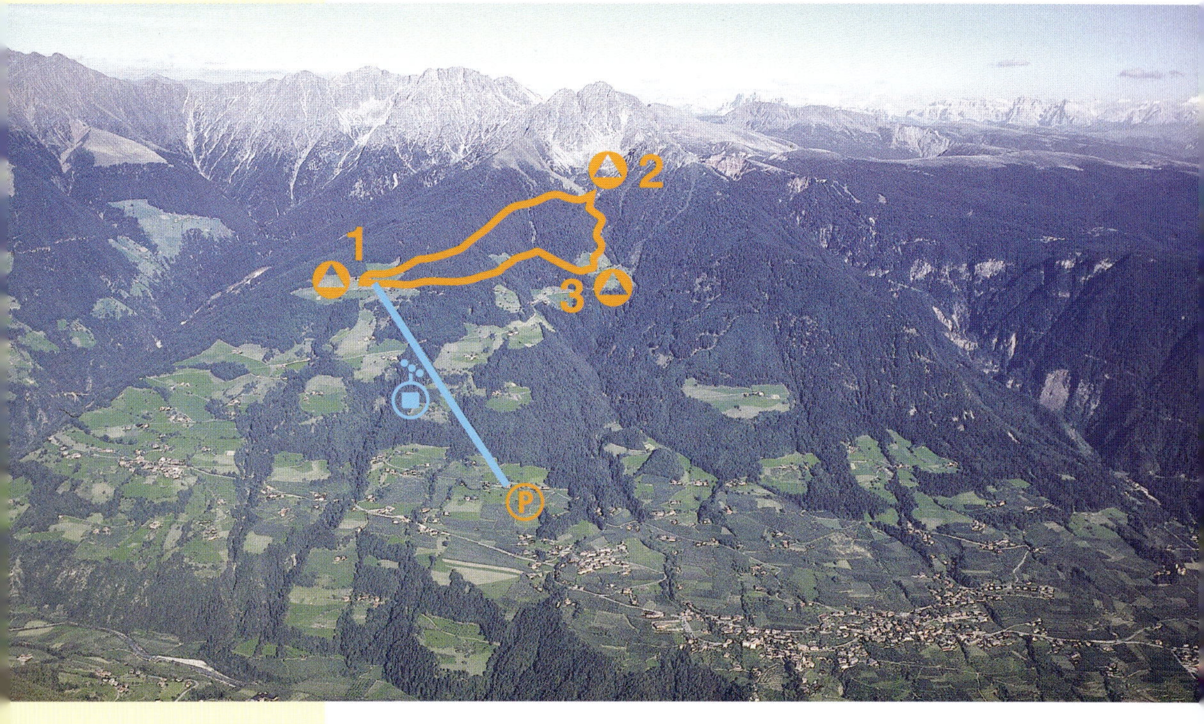

Mühen: leichte Tour mit ca. 300 Höhenmetern, Gehzeit 2 ½ Std.
Ausgangspunkt: Taser an der Bergstation der Seilbahn.
Der Weg: Vom
❶ Taser auf ausgeschildertem Weg zur
❷ Ifingerhütte. Auf dem Rückweg kurz unterhalb der Hütte links ab zum Berggasthof
❸ Egger und von dort auf dem Tasersteig zurück zum Ausgangspunkt.

Zum Berghof Taser führt eine Seilbahn. Sie ist bequem, aber klein – damit es hier heroben auch weiterhin so ruhig bleibt …

Weihevolle Enge: Auf dem Kirchhügel von Schenna stehen eine romanische Kapelle, das neugotische Mausoleum für den Erzherzog Johann, eine altgotische Kirche und eine neue Pfarrkirche.

13 Haflinger Rundwanderung zur Leadner Alm

Der Tschögglberg gehört mit dem Salten zu den schönsten Wandergebieten unter Südtirols Hochflächen. Hier der Vorschlag für einen gemütlichen Wandertag

Anfahrt: über die Sonnenstraße auf das Haflinger Hochplateau.
Parken: unterhalb der Kirche großer Parkplatz, im Sommer gebührenpflichtig.
Sehenswürdigkeiten: die Kirche St. Kathrein, kurz vor dem Dorf.

Diese Tour führt von Hafling zu einem beliebten Ausflugsziel und lässt sich beliebig erweitern. Die

Der Tschögglberg, der Bergzug zwischen Meran und Bozen, ist ein massiver, riesiger Block aus anstehendem Porphyr.

Leadner Alm, von weiten Wiesenflächen umgeben, ist ein ideales Wanderziel für Familien und leicht zu erreichen. Mehrere Gasthäuser entlang der Route.
Jahreszeit: kann fast das ganze Jahr über begangen werden, idea-

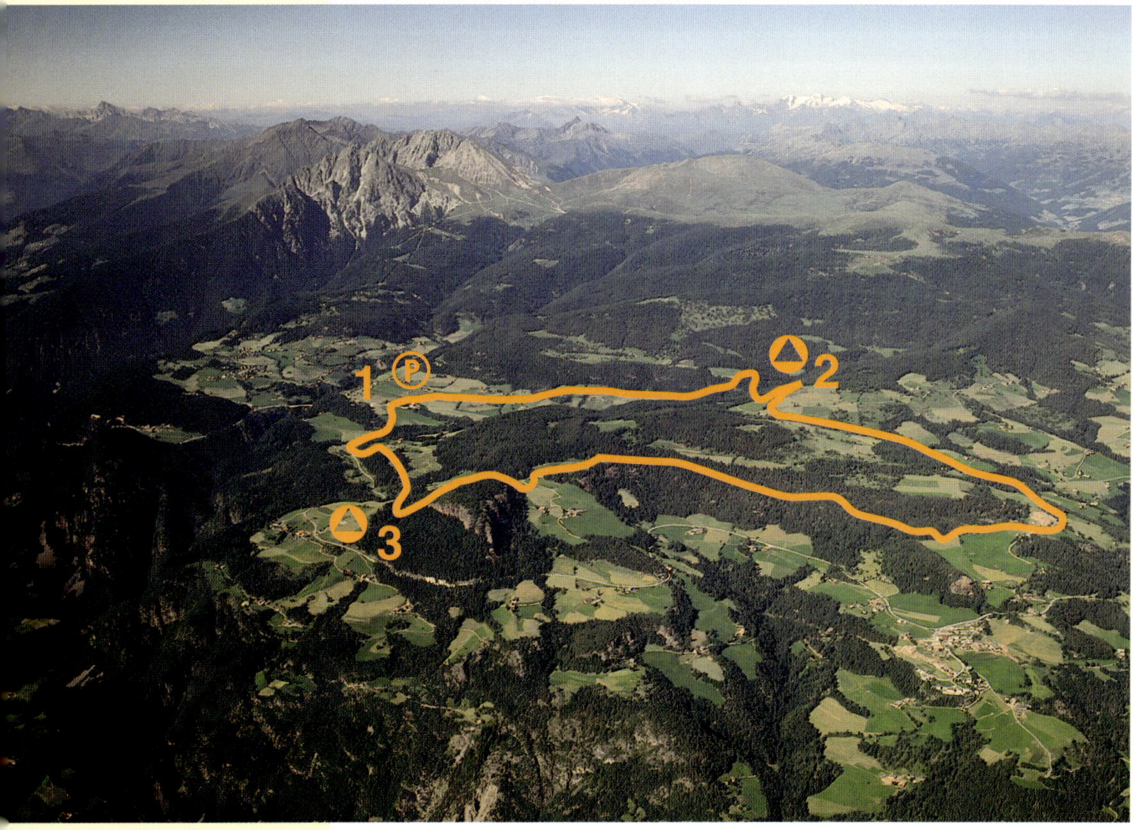

le Winterwanderung auch bei Schnee.
Freuden: die weiten, blühenden Wiesen und die blonden Haflingerpferde.
Mühen: geringe Höhendifferenz, leichte Wanderung, Gehzeit 3½ Std.
Ausgangspunkt: Hafling-Dorf (1316 m), großer Parkplatz nach dem Tunnel.
Der Weg: Vom
❶ Parkplatz auf dem Weg Mark. 16 zunächst der Höfestraße entlang, später durch Wald hinüber zur
❷ Leadner Alm (ausgeschildert). Rückweg: Hinunter zur Straße und auf Weg Mark. 11 über die Waldkuppe zum Lenkhof und zur
❸ »Alpenrose«, dann rechts weiter mit Mark. 12, die Straße querend, zurück zum Dorf.
Variante zur Verlängerung der Tour: Von der Leadner Alm zum »Grünen Baum« und über den Schützenbrünnlweg (Mark. 12 a) bis zum Lenkhof, dann weiter wie oben.

St. Kathrein in Hafling – die blonden Pferde müssen hier geboren sein, sonst dürften sie nicht »Haflinger« heißen.

14

Gantkofel–Tretsee – über schöne Lärchenwiesen zu einer großartigen Aussicht

Ein versteckter Waldsee und ein überraschender Aussichtsgipfel, das sind die Vorzüge dieser Tour

Anfahrt: Über den Gampenpass oder über die Mendel nach St. Felix, in Tret abzweigen beim Gasthaus »Le Ciaspole« und bergwärts hinauf bis zum Parkplatz.
Parken: am Ende des Fahrweges, ca. 2 km nach der Abzweigung.
Sehenswürdigkeiten: die Wallfahrtskirche in Unsere liebe Frau im Walde.

Vorangegangene Doppelseite: Einladung für Spaziergänger – Lärchenwiesen auf dem Tschögglberg. Wer einmal diese zauberhafte Landschaft durchstreift hat, wird bestimmt wiederkommen.

Der Tretsee ist weder kalt, noch ist hier baden verboten. Was gibt's da noch zu überlegen?

Die Tagestour am Deutschnonsberg führt durch lichte Lärchenwiesen zum steil abfallenden Gantkofel, der hoch über dem Etschtal aufragt und einen grandiosen Rundblick bietet. In leichtem Auf und Ab geht es zurück zum Tretsee mit seinen Blumenwiesen.
Jahreszeit: Frühling bis Spätherbst, beste Monate Juni, September, Oktober.
Freuden: leichte Tagestour, blumenreiche Wiesen, ein unerwarteter Ausblick.
Mühen: ca. 500 m Höhendifferenz auf leichten Wegen im steten Auf-und-ab-Rhythmus, Gesamtgehzeit 5 ½ Std.
Ausgangspunkt: Tret am Deutschnonsberg, das zur Gemeinde St. Felix gehört.
Der Weg: Auf dem Weg mit der Mark. 9 zum
1 Tretsee (auch Felixer Weiher), rechts am See vorbei und auf Weg Mark. 512 durch den Wald ansteigend. Später im Abstieg Richtung Gantkofel, im letzten Teil steil ansteigend zum Gipfelgrat. Denselben Weg zurück, rechts am See vorbei zur
2 Jausenstation und von dort auf dem Güterweg zurück zum Parkplatz.

Deutschnonsberg hat seinen Namen wegen der deutschsprachigen Bevölkerung. Im übrigen Nonstal, das in Mezzocorona ins Etschtal mündet, spricht man italienisch.

15

Zum höchstgelegenen Bergwerk Südtirols am Schneeberg

Wer das Landschaftserlebnis mit einem Blick in die Südtiroler Kulturgeschichte verbinden möchte, für den ist diese Tagestour erste Wahl

Anfahrt: von Meran ins Passeiertal, in St. Leonhard der Abzweigung Timmelsjoch folgend, hinauf bis zum Gasthaus Schönau.
Parken: beim Gasthaus Schönau, aber auch bergwärts der Straße entlang.
Sehenswürdigkeiten: die Bergwerkssiedlung entlang des Weges und das kleine Museum beim Schutzhaus Schneeberg.

Im Mittelalter erlebte der Bergbau in Südtirol die höchste Blütezeit. Am Schneeberg wurde noch vor wenigen Jahren in den Schacht gefahren. Nun scheint der Bergsegen versiegt zu sein. Die Stollen sind heute ein Museum.

Alpine Rundwanderung zur alten Bergwerkssiedlung am Schneeberg im hinteren Passeiertal mit einem Museum und der Knappenkapelle. Die Rundwanderung führt durch zwei Hochtäler; Einkehr im Schutzhaus am Schneeberg und bei der Timmelsalm.
Jahreszeit: Frühsommer bis Herbst, beste Monate sind Juli bis September.
Freuden: die alte Bergwerkssiedlung St. Martin am Schneeberg, die Hochmoore und Wasserfälle im Timmelstal.
Mühen: 1000 m Höhendifferenz auf mäßig steilen Wegen (kurzer steiler Anstieg zur Gürtelscharte), alpine Ausrüstung erforderlich, ansonsten keine Schwierigkeiten, Gesamtgehzeit knappe 6 Std., bis zum Schutzhaus 2 Std.

Ausgangspunkt: Schönau (1760 m) an der Passstraße zum Timmelsjoch im hinteren Passeiertal, mit Auto oder mit Bus von St. Leonhard erreichbar.

Der Weg: Von der Timmelsjochstraße auf Weg Mark. 29 zunächst durch lichten Wald über die Gostalm hinweg zur alten ❶ Bergwerkssiedlung am Schneeberg auf 2355 m (Schutzhaus, Museum, Kapelle), dann weiter zur ❷ Gürtelscharte (2632 m), dem höchsten Punkt der Wanderung. Nun in weitem Bogen durch das Timmelstal, vorbei am Schwarzsee und der Timmelsalm, talaus zum Ausgangspunkt an der Straße.

16

Über Urwege in die Sonnenhänge der Texelgruppe

Die Halbtagestour führt von Algund über den Saxner- und Kieneggersteig auf Urwegen mit weitem Panorama an der Sonnenseite des Burggrafenamtes von den Reben zu den Kastanien und Flaumeichen bis in den Nadelwald hinauf

Anfahrt: im Dorf Algund Richtung Oberplars hinauf, nach etwa 2 km rechts ab zum Gasthaus »Leiter am Waal«.
Parken: beschränkte Parkmöglichkeit am Gasthaus-Parkplatz, oder weiter oben der Straße entlang.
Sehenswürdigkeiten: Schalen- und Kreuzsteine entlang des beschriebenen Weges, das Kirchlein in Oberplars.

Vier Einkehrmöglichkeiten erwarten die Wanderer entlang des Weges. Ein Schalenstein (Felsblock mit eingekerbten prähistorischen Schalen und Kreuzzeichen) ist am Saxnerweg zu sehen.
Jahreszeit: kann das ganze Jahr über begangen werden, beste Monate Mai, Juni, September. Im Sommer etwas heiß.
Freuden: Urwege mit weitem Blick ins Etschtal, die Vegetationsvielfalt.

Am Plarser Waal steht versteckt auf einem Mauerstein die Jahreszahl 1370 – es ist dies wohl die älteste schriftliche Manifestation der hiesigen Wasserknappheit.

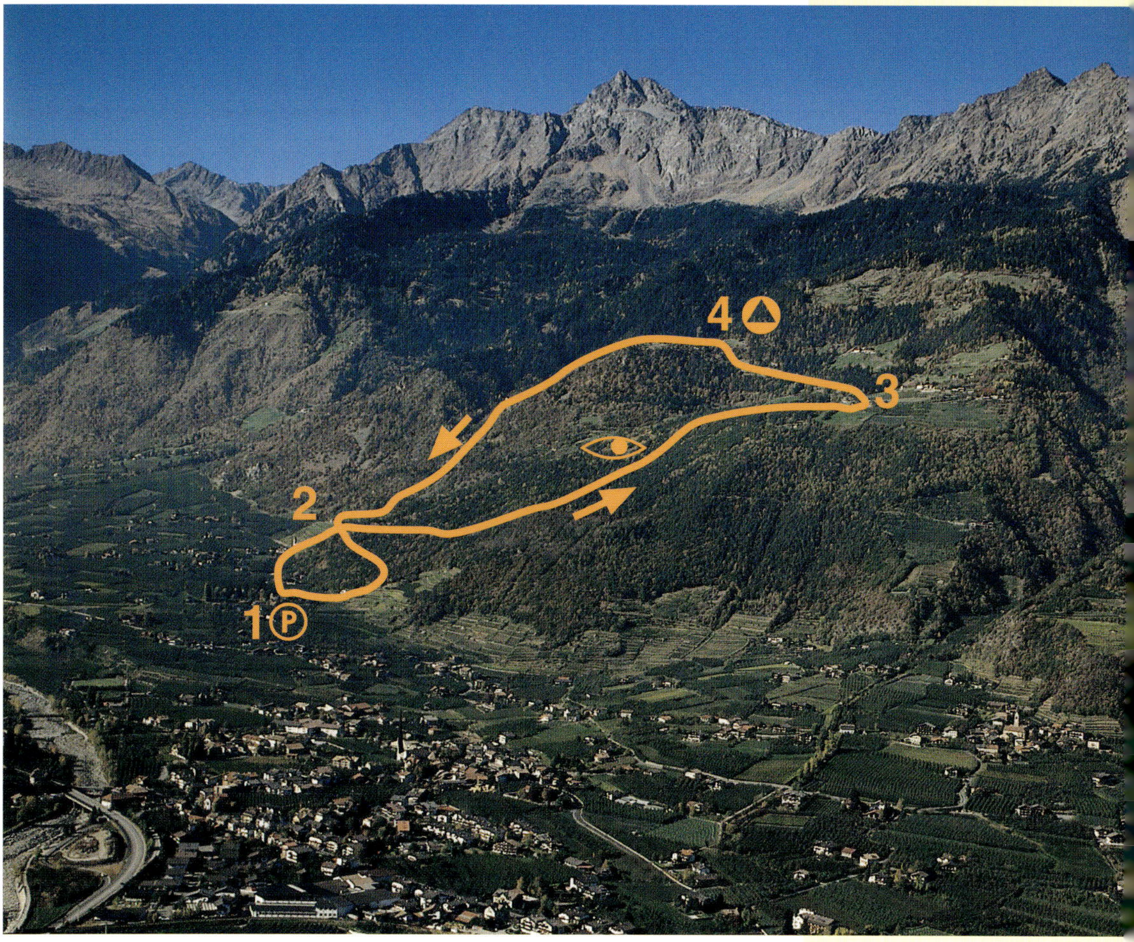

In der südlichen Texelgruppe – hier die Berge über der Ortschaft Algund – führen Urwege durch das altbesiedelte Land.

Mühen: mittelschwer, 550 m Höhendifferenz, Aufstieg mäßig steil, Abstieg mit kurzen steilen Abschnitten im Wald, Gehzeit gute 3 Std.
Ausgangspunkt: Oberplars in Algund, mit dem Auto bis zum »Leiter am Waal«.
Der Weg: Vom
1 »Leiter am Waal« die schmale Straße entlang aufwärts bis zum
2 Saxner, kurz oberhalb rechts ab über den Saxnerweg (Mark. 26) nach
3 Vellau. Zunächst die Straße entlang, später über einen Waldweg hinauf zum
4 Kienegger. Das Bauerngasthaus ist höchster Punkt der Wanderung (1101 m).
Abstieg über Kieneggerweg (Mark. 25) zum Saxner (ein kurzes Stück darunter), von hier links über einen Waalweg bis zur Straße, über den Schlundensteinweg hinunter zum Plarser Waal und rechter Hand zurück zum »Leiter am Waal«.

17

Auf dem Marlinger Waalweg zum Schloss Lebenberg

Der Marlinger Waal ist der längste seiner Art, er verläuft von der Töll bis nach Lana. Schloss Lebenberg ist eine herrlich gelegene, bewohnte Burganlage, deren Besichtigung sehr zu empfehlen ist

Anfahrt: in Oberlana zur Seilbahnstation Vigiljoch.
Parken: im Bereich der Talstation, auch der Straße entlang.
Sehenswürdigkeiten: das Schloss Lebenberg entlang des Weges, in der Pfarrkirche in Niederlana der gotische Schnatterpeck-Altar.

Die Waalwege in Merans Umgebung sind viel älter als die Promenaden. Gerade deshalb strahlen sie mit ihrem ewigen Fließen einen Hauch von Unvergänglichkeit und Zeitlosigkeit aus.

Die Halbtagestour verläuft zuerst dem Waal entlang, dann hinauf zum Schloss Lebenberg. Die Tour kann nach Belieben über den Waalweg in seiner gesamten Länge ausgedehnt werden. Man findet entlang des Weges eine Vielzahl von Einkehrmöglichkeiten vom Café bis zur Waldschänke.
Jahreszeit: kann das ganze Jahr über begangen werden, beste Zeit ist der Frühling.
Freuden: die Aussicht übers Etschtal, das Schloss Lebenberg.
Mühen: leichte Wanderung, geringe Höhendifferenz, Gehzeit 2 ½ Std.
Ausgangspunkt: Lana, P in der Nähe der Seilbahn.
Der Weg: In
1 Lana von der Talstation der Seilbahn kurz den Höfeweg entlang, dann rechts ab zum ausgeschilderten Waalweg (Mark. 33). Den
2 Waalweg entlang bis zur Wegkreuzung, links hinauf zum ausgeschilderten
3 Schloss Lebenberg und über den Höfeweg wieder zurück nach Lana.

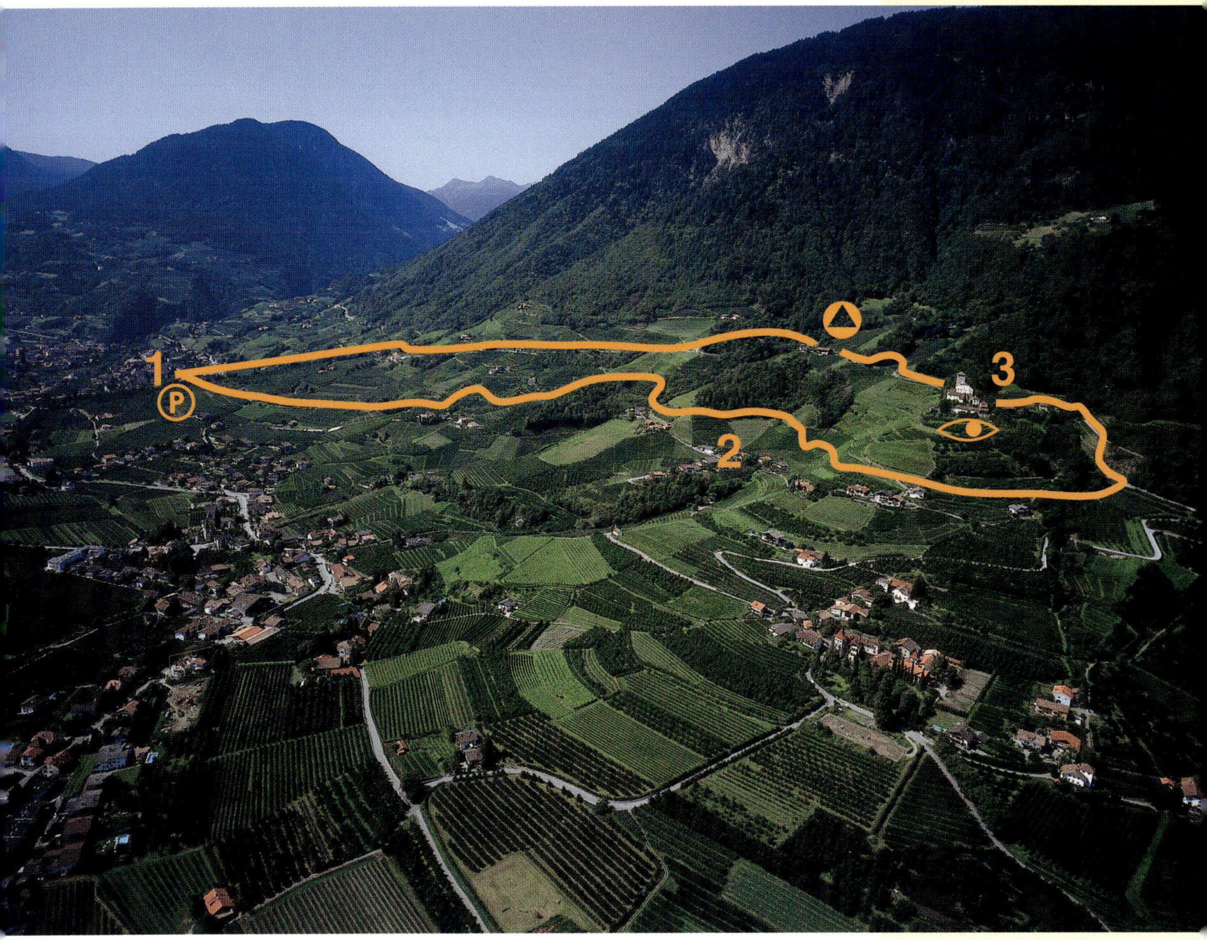

Die Waalwege waren für die Erhaltungsarbeiten der Kanäle notwendig. Auch der Waaler, der Aufseher dieser Bewässerungsanlage, musste zwecks gerechter Verteilung des Wassers und zur Inspektion die Waalwege abschreiten.

»Aus der Burg von Fensterbänken schau ich noch ein letztes Mal«, schrieb der Dichter Rainer Maria Rilke am 7. April 1897 auf Schloss Lebenberg bei Meran.

18

Ultner Drei-Seen-Runde zur Höchster Hütte

Im hintersten Ultental führt diese Rundwanderung über drei Bergseen zur Höchster Hütte am Grünsee. Das weite offene Talende birgt kleine Bergseen und Hochmoore, und am höchsten Punkt der Wanderung sieht man über den See auf die Gletscher der Eggenspitzen

Anfahrt: von Lana aus ins Ultental bis ans hinterste Ende (ca. 35 km).
Parken: im Bereich des Weißbrunner Stausees reichlich Parkplatz, gebührenfrei.
Sehenswürdigkeiten: das Ultner Talmuseum in St. Nikolaus, oder ein kurzer Abstecher nach St. Moritz, Kapelle und Gasthaus.

Das Ultental, in Lana durch die wilde Gaulschlucht vom weiten Etschtal abgetrennt, weitet sich in Hinterulten zu einem breiten, lieblichen Tal.

Im Grünsee spiegeln sich die Gletscher der Hinteren Eggen- und der Zufrittspitze.

Jahreszeit: Sommer bis Ende September.
Freuden: ruhige Wanderung zu stillen Wasseraugen in der Berglandschaft. Einkehrmöglichkeit beim Weißbrunner See und auf der Höchster Hütte (2561 m).
Mühen: Die alpine Rundwanderung überwindet 600 Höhenmeter und ist für Berggewohnte in knappen 4 Std. zu schaffen; sehr lohnend.
Ausgangspunkt: Der Weißbrunner See (1900 m) am Ende des Ultentales ist mit dem Auto erreichbar.
Der Weg: Vom Parkplatz am
1 Weißbrunner See zuerst kurz auf Weg Mark. 140, dann links ab mit Mark. 107 über den Fischersee zum
2 Langsee. Dann auf Weg Mark. 12 zur
3 Höchster Hütte am Grünsee. Abstieg etwas steiler auf Steig Mark. 140 zum Ausgangspunkt.

19 In der Sommerfrische – unterwegs am Vigiljoch

Rundwanderung in autofreier Umgebung mit Seilbahnfahrt

Anfahrt: in Lana zur Talstation der Vigiljoch-Seilbahn.
Parken: am Parkplatz der Seilbahn, gebührenfrei.
Sehenswürdigkeiten: siehe Vorschlag Nr. 17.

Eine Seilbahn führt von Lana bequem aufs Vigiljoch in eine noch vollkommen autofreie Berggegend zwischen dem Etschtal und dem Vinschgau. Die Rundtour verläuft zum malerischen Kirchlein am Vigiljoch, zum See-Biotop »Schwarze Lacke« und über den Eggersteig zurück zur Seilbahn. Einkehrmöglichkeiten gibt's bis zum See gleich vier.

Jahreszeit: Frühsommer bis Spätherbst, beste Zeit Juni und September.
Freuden: autofreie, ruhige Wandergegend nahe bei Meran mit Ausblick auf die Texelgruppe.
Mühen: leichte Rundwanderung, für jedermann geeignet, 400 m Höhendifferenz; Gehzeit ca. 3 Std.
Ausgangspunkt: Bergstation der Vigiljoch-Seilbahn auf 1500 m, von Lana aus erreichbar.
Der Weg: Von der Bergstation den breiten Weg entlang durch den Wald zum Gasthaus Gampl, hinauf zum Jocher beim
❶ Kirchlein und weiter zum Seehof und zur
❷ »Schwarzen Lacke« (Biotop). Nun auf Weg Mark. 9 hinunter Richtung Eggerhof und auf dem ausgeschilderten Eggersteig den Wald durchquerend zurück zur Seilbahn.

Die Bergkirche St. Vigil am Joch ist ein geschätzter Rastplatz und Aussichtspunkt.

Das Vigiljoch, durch die Bergbahn von Lana her erschlossen, hat als Sommerfrischeort und als Naherholungsgebiet für Meran eine lange Tradition.

Der Moorsee am Vigiljoch ist zwar zum Baden nicht mehr geeignet, dafür steht aber ein Gasthaus an seinem Ufer – man sitzt im Freien und schaut den Enten zu.

20 Von Bozen zum Weindorf St. Magdalena

Ein gemütlicher Spaziergang durch die Altstadt von Bozen, zu den wesentlichen historischen Sehenswürdigkeiten

Anfahrt: ins Zentrum der Stadt Bozen.
Parken: Parkgarage gegenüber dem Bahnhof (mittlere Preislage).
Sehenswürdigkeiten: das Archäologiemuseum mit dem »Ötzi«, der Dom, die Dominikanerkirche.

Im Weindorf St. Magdalena keltern die Bauern immer noch selbst ihren weitum bekannten Tropfen.

Nach dem beschaulichen Gang durch die Bozner Altstadt folgt ein Luft Holen entlang der Wassermauer-Promenade, mit dem fotogenen Blick zum Schloss Maretsch und dem Rosengarten, bis uns die altehrwürdige Oswaldpromenade in das Weindorf Magdalena führt. Wer in St. Magdalena nicht allzu-

lange »hängen« bleibt, hat noch viel Zeit zum Einkaufen unter den Lauben.

Jahreszeit: kann das ganze Jahr über begangen werden, im Sommer etwas heiß.

Freuden: ein runder Spaziergang mit viel Abwechslung, die beste Art Bozen zu »sehen«.

Mühen: müheloser Spaziergang für 1 ½ Std.

Ausgangspunkt: Bozen, Bahnhofsplatz.

Der Weg: Über die Bahnhofsstraße zum Waltherplatz (Dom) und zum Dominikanerplatz (Kirche); über die Goethe- in die Museumstraße (Ötzi-Museum), zur Talferbrücke und rechts über die Wassermauer-Promenade der Talfer entlang zur St.-Anton-Brücke. Nun kurz der Straße rechts folgend zur ausgeschilderten

1 Oswaldpromenade, die bis 2 St. Magdalena führt. Der kürzeste Weg zurück in die Stadt geht über die steile Fahrstraße hinunter zur Brennerstraße und zum Bahnhofsplatz.

Das Schloss Maretsch liegt inmitten alter Lagrein-Reben und ziert das Etikett der hier abgefüllten Flaschen.

Den Bozner Wein haben die Minnesänger schon besungen.

21

Das Sarntaler Weißhorn – ein prächtiger Felsgipfel

Diese alpine Tagestour führt auf die aussichtsreichste Bergspitze der Sarntaler Alpen. Der Höhenweg bis zu den Steinwandseen ist auch für jene lohnend, die den Gipfelanstieg scheuen

Anfahrt: von Bozen ins Sarntal bis auf das Penser Joch.
Parken: auf der Passhöhe gibt es reichlich Möglichkeiten.
Sehenswürdigkeiten: Durnholzer See, Abzweigung bei Astfeld.

Das Weißhorn, einer der schönsten Gipfel in jenem Teil der Sarntaler Alpen, der von Eisack und Talfer abgegrenzt wird.

Im innersten Sarntal, auf der Höhe des Penser Joches, steht ein markanter Felssporn. Über einen leichten Höhenweg vom Penser Joch aus ist der Gipfel in kurzem Aufstieg zu schaffen.
Einkehrmöglichkeit besteht nur am Penser Joch.
Jahreszeit: Sommer und Frühherbst, bester Monat ist der September.
Freuden: der Panoramablick über 360 Grad ist ein guter Tipp für Bergfotografen.
Mühen: Aufstieg vom Penser Joch 2 ½ Std., retour 2 Std., Höhendifferenz 490 m. Der Felssteig zum Gip-

fel ist gesichert. Alpine Ausrüstung und gutes Schuhwerk sind erforderlich.
Ausgangspunkt: Penser Joch (2214 m), von Bozen über das Sarntal und von Sterzing aus erreichbar.
Der Weg: Vom
❶ Penser Joch stets auf Weg Mark. 12 A meist eben oder mäßig ansteigend, durch die Berghänge zu den
❷ Steinwandseen am Fuß des Weißhorns, dann steiler zum Gröllerjoch und auf teilweise gesichertem Felssteig zum Gipfel des
❸ Weißhorns (2705 m) – für Trittsichere unschwierig und sehr lohnend.

22

Gemütlich über den Tschögglberg

Mölten–Sattlerhütte–Möltner Kaser – am Sonnenplateau zwischen Hafling und Jenesien führt dieser Wanderweg durch lichten Wald von Almhütte zu Almhütte – alle bewirtschaftet, versteht sich

Anfahrt: von Terlan nach Mölten, oberhalb des Dorfes Richtung Vöran rechts ab.
Parken: am Ende der öffentlichen Fahrstraße gebührenfreie Parkmöglichkeiten.
Sehenswürdigkeiten: die »Stoanernen Mandlen« oberhalb der Möltner Kaser.

Von der Möltner Kaser (Alm) aus empfiehlt sich ein Abstecher hinauf zu den Stoanernen Mandlen am weiten Bergrücken zum Sarntal. Die Rundwanderung führt am Rückweg über Lärchenwiesen, auf denen im Frühsommer die Blumen leuchten, im Herbst die Bäume.
Jahreszeit: kann fast das ganze Jahr über begangen werden, Empfehlung Juni und Oktober.

Vorangegangene Doppelseite: Das Kirchlein von St. Jakob auf Langfenn am Tschögglberg.

Freuden: weite offene und sonnige Landschaft, schöne Almen.
Mühen: geringer Höhenunterschied, Gehzeit 2 ½ Std., für den Abstecher zu den Stoanernen Mandlen ist eine Stunde hinzuzurechnen.
Ausgangspunkt: der Parkplatz auf der Zufahrtstraße zur Sattlerhütte.
Der Weg: Dem Forstweg entlang zur Sattlerhütte und weiter zur Möltner Kaser. Der Weg zu den Stoanernen Mandlen ist ausgeschildert und empfehlenswert. Denselben Weg zurück, der Zufahrtsstraße folgend, dann links ab auf dem Europäischen Fernwanderweg E 5 zum Schermoos an der Panoramastraße und rechts auf dem Weg Mark. 38, fast eben, zurück zum Parkplatz.

Wie ein tibetisches Tschörtenfeld starren uns die »Stoanernen Mandlen« an.

Die weite Hochfläche des Tschögglberges bietet Ziele fast ohne Zahl für alle das Gemütliche liebende Wanderer.

23

Eine Rundwanderung auf Pilgerpfaden

Das Latzfonser Kreuz ist ein Pilgerort mit Wallfahrtskirche und Schutzhaus, hoch oben am Übergang zwischen dem Sarntal und dem Eisacktal so herrlich gelegen, dass die Aussicht allein den langen Weg lohnt

Anfahrt: von Bozen ins Sarntal, bei Astfeld Abzweigung nach Reinswald.
Parken: in Reinswald am Parkplatz des Sesselliftes, gebührenfrei.
Sehenswürdigkeiten: sonntags die Sarner in der typischen Tracht am Kirchplatz.

Am Latzfonser Kreuz, einem alten Heiligtum, führt ein Pilgerweg vorbei, der am Kirchtag noch von vielen Gläubigen genutzt wird. Drei Wege führen dorthin: einer vom Sarntal, einer vom Eisacktal und einer vom Rittner Hochplateau.

Für diese Tour empfiehlt sich der Aufstieg zum Latzfonser Kreuz von Reinswald im Sarntal und die Fortsetzung zu einer Rundtour über die obere Villanderer Alm. Einkehrmöglichkeit am Schutzhaus.
Jahreszeit: Sommer und Herbst, beste Monate sind Juli bis Septem-

ber wegen der Öffnungszeit des Schutzhauses.

Freuden: nach dem Aufstieg der überraschende Ausblick vom Lückljoch (2370 m).

Mühen: lange, aber unschwierige Tagestour auf die größte Hochfläche Südtirols. Gehzeit 3 Std. im Aufstieg und 2 ½ Std. für den Abstieg.

Ausgangspunkt: Reinswald im Sarntal auf 1500 m, mit Auto und Linienbus erreichbar.

Der Weg: Vom Parkplatz des Sesselliftes auf Weg Mark. 7 den leicht steigenden Almweg hinauf zur Getrumalm und übers

1. Lückljoch kurz hinunter zum
2. Schutzhaus Latzfonser Kreuz (2300 m) und der Wallfahrtskirche mit den leuchtend roten Ziegeln. Der Sessellift erspart ca. 1 Std. Gehzeit.

Im Sarntal wird noch immer die Tracht getragen, sonntags wie werktags; das ist selbst im traditionsbewussten Südtirol etwas Besonderes.

Rückkehr: auf Weg Mark. 1 Richtung Rittner Horn über die herrlichen Almwiesen bis zu einer Senke, dem Schild »Reinswald« folgend etwas steil hinunter und zurück zum Almweg.

Das Dörfchen Reinswald ist der Ausgangspunkt für die hier vorgestellte Pilgertour.

24 Auf den zentralen Aussichtsberg Südtirols

Der weite Bergrücken im Norden des Rittner Hochplateaus gipfelt in der zwar wenig spektakulären Erhebung, aber einem der schönsten Aussichtspunkte Südtirols, dem Rittner Horn (2260 m)

Anfahrt: am Ostende von Bozen Auffahrt zum Ritten Richtung Klobenstein und weiter nach Pemmern.
Parken: am großen Parkplatz der Sesselliftstation.
Sehenswürdigkeiten: die Erdpyramiden in Klobenstein, das Bienenmuseum in Oberbozen, siehe auch Vorschlag Nr. 25.

Fragil? Stabil? Die Rittner Erdpyramiden sind ein interessantes Naturwunder nahe der Stadt Bozen.

Die Besteigung des Rittner Horns ist leicht, am Gipfel steht zudem ein gastliches Schutzhaus und der Rückweg führt in eine sehr ruhige Gegend; Wandererherz, was willst du mehr!
Jahreszeit: von Frühsommer bis Spätherbst, die Schutzhütte ist von Mitte Juni bis 31. Oktober geöffnet.
Freuden: das Panorama Südtirols auf einen Blick.
Mühen: bei Benützung des Sessellifts dauert der Aufstieg nur eine gute Stunde, ohne Liftbenützung sind 1 ½ Std. dazuzurechnen. Abstieg über Gissmann und Rundwanderung über Pemmern 2 ½ Std.; leicht und sehr lohnend.
Ausgangspunkt: Pemmern am Ritten (1540 m), von Klobenstein mit Auto und Bus zu erreichen.
Der Weg: Vom Parkplatz
❶ Pemmern mit dem Sessellift oder auf Weg Mark. 1 a über die Saltnerhütte zum
❷ Unterhornhaus und auf neuem Plattenweg zum Gipfel des
❸ Rittner Horns (2260 m). Abstieg auf Steig Mark. 2 über weite, offene Flächen nach
❹ Gissmann und über die verkehrsfreie Höfestraße zurück.

Die Besteigung des Rittner Horns ist zu jeder Jahreszeit ein Erlebnis, das man sich leicht gönnen mag, denn dieser Gipfel ist einer der Bozner Hausberge und leicht zu erreichen. Zu Barthlmä (Tag des hl. Bartholomäus) findet in Pemmern der populäre Almabtrieb statt.

25

Die große Rittenrunde

Bauernbadl, Erdpyramiden und Bienenmuseum – diese Wanderung führt zu den klassischen Punkten und Sehenswürdigkeiten auf dem sonnigen Hochplateau über Bozen, in die Sommerfrische der Stadt

Anfahrt: von Bozen auf den Ritten, Abzweigung Oberbozen; oder von Bozen mit der Seilbahn nach Oberbozen.
Parken: begrenzte Möglichkeiten im Ortskern.
Sehenswürdigkeiten: Bad Süß und die Erdpyramiden entlang des Weges, bzw. das Bienenmuseum im Plattnerhöfl, eigene Haltestelle der Rittner Bahn.

Der Ritten war schon immer die Sommerfrische der Bozner Bürger, die der Umtriebigkeit und der Hitze der Stadt für einige Wochen entfliehen wollten. Heute ist er ein weitläufiges Wandergebiet für Gemütliche. Es geht nach Oberbozen, Bad Süß, zu den Erdpyramiden, und mit der Rittner Schmalspurbahn zum Plattnerhöfl mit dem Bienenmuseum. Es gibt mehrere Einkehrmöglichkeiten entlang des Weges.
Jahreszeit: kann von Frühjahr bis Spätherbst begangen werden, beste Monate sind Juni und September.
Freuden: eine Wandertour für Genießer mit vielen Sehenswürdigkeiten.
Mühen: ausgedehnte Wanderung mit nur 200 m Höhendifferenz, Gesamtgehzeit ca. 4 Std., leicht und für jedermann geeignet.
Ausgangspunkt: Oberbozen (1200 m), mit dem Auto, oder noch besser mit der Seilbahn, von Bozen aus erreichbar.
Der Weg: Von
1 Oberbozen, auf Weg Mark. 16 zum Lobishof, an der folgenden

Weggabelung weiter mit Mark. 18, vorbei am Bacherlehof übers Riggermoos zur Straße, auf dieser kurz rechter Hand entlang und mit Mark. 6 zum Gasthaus »Auf der Tann«. Nun der Beschilderung folgend nach

2 Bad Süß, dem kleinen versteckten Bauernbadl mit Kapelle und Gasthaus. Abstieg auf Weg Mark. 3 a zur Straße hinunter und auf der Promenade unterhalb derselben den Erdpyramiden entlang. Dann kurz über die Straße bis zum Hotel Spögler und rechts hinauf nach

3 Klobenstein. Mit der

4 Schmalspurbahn zurück nach Oberbozen. Ausstiegsmöglichkeit beim Plattnerhöfl.

Blick über das Rittner Plateau. Der Ritten rühmt sich, die Sommerfrische erfunden zu haben. Ein Haus am Ritten zu besitzen gilt als eine der sieben Bozner Seligkeiten.

26

Törggelen und Kultur

Eine kulinarische Rundwanderung für Kulturbeflissene nach Neustift und Elvas

Anfahrt: Autobahnausfahrt Brixen.
Parken: zentrale Parkplätze in der Stadt; oder in Neustift, falls man die Rundwanderung am Kloster beginnen will.
Sehenswürdigkeiten: in Brixen die Hofburg, Dom und Kreuzgang; in Neustift die Stiftskirche.

Die Klosteranlage Neustift ist eine hochkarätige Sehenswürdigkeit. Oder ist dies nur ein guter Vorwand, den Sylvaner zu kosten?

Zur großen Kultur gehört auch Esskultur. Das Eisacktal hat eine uralte Tradition in Sachen Essen und Trinken.

In der alten Bischofsstadt Brixen und drum herum kann man Kultur und gastronomische Highlights hervorragend verbinden, und das nicht nur in der Törggelezeit. Diese Tour beginnt in der Altstadt von Brixen, führt auf einem Spazierweg nach Neustift zur größten Klosteranlage im Lande, dann hinauf nach Elvas und über den sonnseitigen Rücken, vorbei an gemütlichen Bauernbuschen, wieder ins Zentrum Brixens. Viele Einkehrmöglichkeiten.

Jahreszeit: kann fast das ganze Jahr über begangen werden, beste Jahreszeit ist der Oktober.

Die Bischofsstadt Brixen, am Zusammenfluß von Eisack und Rienz, war immer schon ein geistiges Zentrum. Das nahe Kloster Neustift ist nicht nur als kulturelles Strahlungszentrum, sondern auch wegen des guten Weines bekannt.

Freuden: die Verbindung von Wein und Kultur.
Mühen: Gesamtgehzeit 3½ Std., geringe Höhendifferenz, für alle geeignet.
Ausgangspunkt: Brixen, P in der Stadt.
Der Weg: Von der
1 Brixner Altstadt über die Adlerbrücke und stets auf Weg Mark. 16 nach
2 Neustift (Stiftskirche und Weinschänke). Dann bergseitig die Zufahrtsstraße hinauf, die Pustertaler Straße querend zum Bauernhof »Alter Pacher« und auf Weg Mark. 3, die Weinhänge durchstreifend, hinauf nach
3 Elvas. Auf Weg Mark. 1 zum
4 Guggerhof und über die Elvaser Straße zurück nach Brixen.

27

Wandern mit Anspruch – die Eisacktaler Sonnenseite

Von Villanders auf einem Törggeleweg mit Aussicht

Anfahrt: durch das Eisacktal nach Klausen, hinauf nach Villanders.
Parken: im Dorfzentrum.
Sehenswürdigkeiten: Dorfgasse, Friedhof, prähistorische Ausgrabungsstätte.

Auf der Sonnenseite des Eisacktales, wo im Herbst viel getörggelet wird, führt der Weg hinauf zur alten Knappenkapelle St. Anna des ehemaligen Kupferbergwerkes, bergseitig des Thinnebaches. Die Rundwanderung führt dann über den alten Stein- und Plattenweg Richtung Klausen, auf dem früher der Bruch aus dem Bergwerk tal-

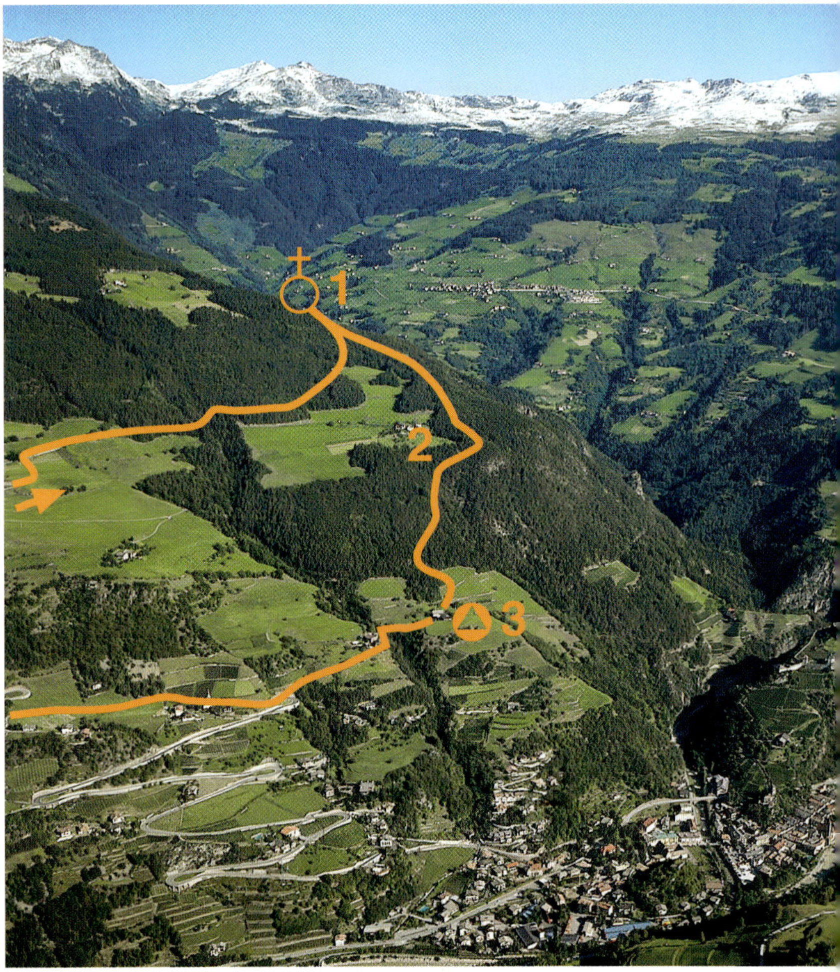

Vorangegangene Doppelseite: Die Benediktinerinnenabtei von Säben ist die Beherrscherin des Städtchens Klausen, das sich unter der Nebeldecke zu verkriechen scheint.

Wandern ist mehr als nur eine schöne Art der Fortbewegung im Gelände. Wandern ist auch Kultur, Entspannung und Geselligkeit.

Das Eisacktaler Wanderparadies im Überblick: Zu Füßen der östlichen Sarntaler Alpen liegt das Städtchen Klausen unter den Felsriegel, auf dem das Kloster Säben thront.

wärts gebracht wurde. Mehrere Einkehrmöglichkeiten entlang des Weges.

Jahreszeit: kann fast das ganze Jahr über begangen werden, besonders empfehlenswert Oktober bis November.

Freuden: herrlicher Ausblick auf den Klosterberg von Säben und die Dolomiten.

Mühen: leichte Wanderung, Gehzeit 2 ½ Std.

Ausgangspunkt: Villanders, Dorfzentrum.

Der Weg: Die Dorfgasse hinauf zur Kirche, bergseitig führt ein Steig zur Höfestraße und immer der Mark. 3 folgend bis zur

❶ Kapelle in Rotlahn. Nun ein Stück zurück und über den alten

❷ Erzweg, der Beschilderung Klausen folgend bis zum Törggelehof

❸ »Johannser«, über den Höfeweg zur Villanderer Straße, diese entlang bis zum Gasthof Sturm. Von hier links über den Törggeleweg hinauf nach Villanders.

28

Gipfelwanderung zur Telfer Weißen

Zwischen dem Pflersch- und dem Ridnauntal erheben sich der Rosskopf und auf dem verlängerten Bergrücken die Gipfel der Telfer Weißen (2588 m), aus hellem Dolomit geformt, mit Ost- und Hauptgipfel. Ein Berg mit Über-Blick

Anfahrt: durch das Eisacktal nach Sterzing zur Rosskopf-Seilbahn, von Norden kommend am Anfang der Stadt.
Parken: am Parkplatz der Rosskopf-Seilbahn, gebührenfrei.
Sehenswürdigkeiten: die Altstadt von Sterzing.

Das Fuggerstädtchen Sterzing besticht den Besucher durch seine malerische Fußgängerzone.

Vom alten Fuggerstädtchen Sterzing aus ist der Rosskopf bequem mit einer Seilbahn erreichbar, und die Bergwanderung führt auf einen aussichtsreichen Gipfel, der ohne große Mühe und Schwierigkeiten zu besteigen ist. Einkehrmöglichkeit am Rosskopf.
Jahreszeit: Sommer und Herbst bis Ende Oktober.
Freuden: der leichte Gipfel bietet das beste Panorama des Wipptales.
Mühen: leichte Gipfelwanderung, 680 m Höhendifferenz vom Rosskopf; Gehzeit 2 ½ Std. Die Besteigung des Hauptgipfels erfordert Trittsicherheit. Retour 2 Std.
Ausgangspunkt: Bergstation der Rosskopf-Umlaufseilbahn auf 1860 m.
Der Weg: Von der
❶ Bergstation Rosskopf auf Weg Mark. 23 zuerst eben an der Waldgrenze, dann auf dem Steig über Grashänge hinauf zum Südostgrat und zum Ostgipfel der
❷ Telfer Weißen (2588 m). Rückweg auf derselben Route. Variante beim Abstieg über die Vallmingalpe.

Die Telfer Weißen sind schneidige Zacken aus Dolomitkalk. Dahinter der mächtige Tribulaun, ein Hauptgipfel der Stubaier Alpen.

Eine moderne Kabinenbahn führt auf den Sterzinger Rosskopf. Allerdings: zu Fuß zu gehen ist auch erlaubt …

29

Kleiner Pflerscher Höhenweg

Eine hochalpine Rundwanderung der oberen Kategorie – die gebotene Bergerfahrung, Ausrüstung und Ausdauer vorausgesetzt, ein Highlight

Anfahrt: bei Gossensaß Abzweigung von der Staatsstraße durch das Eisacktal Richtung Pflersch.
Parken: bei den Steinhöfen im hintersten Pflerschtal.
Sehenswürdigkeiten: Pfarrkirche.

Die Tour nennt sich zwar »Kleiner« Höhenweg, ist aber wegen der großen Höhendifferenz nur für ausdauernde Berggeher an einem Tag machbar. Dank der Schutzhütten mit Übernachtungsmöglichkeit schöne Zweitagestour durch die Südhänge des Pflerscher Tales. Der Weg führt über den Hohen Zahn zur Tribulaunhütte am Sandessee unter den mächtigen Dolomitberg des Tribulaun.
Jahreszeit: Sommer, bester Monat September.
Freuden: die Überschreitung des Hohen Zahns und der Abstieg zum Sandessee.
Mühen: große Höhendifferenz von 1500 m, für die Tagestour sind etwa 8 Std. zu rechnen. Das Querband in der Weißwand ist unschwierig, bei Schnee jedoch heikel. Alpine Ausrüstung ist erforderlich.
Ausgangspunkt: hinteres Pflerschtal, die Höfe von Stein (1418 m), mit Auto erreichbar.

Weit ist der Weg herauf zur Tribulaunhütte am kleinen Sandessee, aber die herrliche Lage ist reiche Belohnung für die Mühen des Anstiegs.

Der Weg: Von Stein talein und steil hinauf zur

❶ Magdeburger Hütte (2423 m). Nun mit Mark. 7 zuerst leicht, dann steil ansteigend hinauf zum Gipfelansatz der Weißwandspitze, die aus Dolomit besteht; über ein ❷ Band eben unter der Wandflucht vorbei und hinauf zum Hohen Zahn (2925 m, höchster Punkt). Über den breiten Grat hinunter zur

❸ Tribulaunhütte (2368 m). Abstieg auf Steig Mark. 8, unterhalb der Hütte rechts und steil hinunter nach Stein.

Beladen müht sich das Menschliche den Saumpfad hoch. Ganz oben, da löst im Felsennichts der Weg sich auf. Jede Last ist verflüchtigt … Im Wandergebiet der Stubaier Alpen.

30

Rundwanderung Fane-Alm – Wilder See

Vom schönsten Almdorf Südtirols, der Fane-Alm im hintersten Valser Tal, führt diese Tour hinauf zu einem der eindrucksvollsten Bergseen des Landes, der nicht umsonst Wilder See heißt

Anfahrt: ins Pustertal, vor Mühlbach Abzweigung nach Vals-Jochtal und bis ans Ende der Fahrstraße.
Parken: großer Parkplatz am Ende der Fahrmöglichkeit, kurz unterhalb des Almdorfes.
Sehenswürdigkeiten: das Almdorf Fane.

Das Almdorf Fane allein lohnt schon den Besuch. Das idyllische Areal ist unter Denkmalschutz gestellt.

Von steilen Bergflanken umschlossen, liegt der 600 m lange See direkt unter der Wilden Kreuzspitze. Über das Rauhtaljoch geht's zur Brixner Hütte und zur Fane-Alm zurück.
Jahreszeit: Sommer und Herbst, die Brixner Hütte ist bis 15. Oktober geöffnet.
Freuden: der dunkle Wilde See.
Mühen: die Rundwanderung bewältigt 1100 Höhenmeter; Gehzeit 5 Std., für etwas Bergerfahrene leicht und sehr lohnend.
Ausgangspunkt: Vals, mit dem Auto bis zum Parkplatz kurz unterhalb der Fane-Alm (1740 m).

Wie Gletscheraugen leuchten kristallene Wasserspiegel zum Himmel.

Der Weg: Vom Parkplatz beim Ochsensprung kurz hinein zum Fane-Almdorf, auf Steig Mark. 18 taleinwärts und links hinauf zur Labisebenalm, dann im Rechtsbogen etwas steil hinauf zum
❶ Wilden See, ca. 2 ½ Std. Linksseitig um den See und auf Steig Mark. 20 hinauf zum
❷ Rauhtaljoch (2800 m, höchster Punkt, Schneereste möglich) und hinunter zur schön gelegenen Brixner Hütte (2300 m).
Abstieg talaus zur Fane-Alm.

2
1

31

Auf dem Römerweg von Welsberg nach Toblach

Diese Tagestour quert den weiten Waldrücken zwischen Welsberg und Toblach, verläuft im Wald und über Wiesen und belohnt den Wanderer am Ratsberg mit einem weiten Ausblick auf die Dolomiten jenseits des Tales

Anfahrt: durch das Pustertal bis Welsberg, Ortsmitte.
Parken: im Ortskern.
Sehenswürdigkeiten: das Schloss Welsperg zu Beginn der Tour, oder die Pfarrkirche von Toblach, am Ende der Tour.

Vorangegangene Doppelseite: Alles hat seine Ordnung – ein Bergbauernhof hat seine ganz besondere. Und wäre nicht der Alltag dort auch heute noch mühsam, so würde man sie eine »liebevolle« Ordnung nennen.

Toblach, das Dolomitendorf im Hochpustertal, wo noch Gustav Mahlers Komponierhäuschen steht.

Die Römerstraße, die einst durch das Pustertal führte, hat bleibende Spuren hinterlassen. Meilensteine, Garnisonssiedlungen und eine Trassenführung, die man heute noch nachvollziehen kann.

Diese Tour ist auch in umgekehrter Richtung empfehlenswert. Einkehrmöglichkeit ist unterwegs am Ratsberg.

Jahreszeit: Sommer bis Spätherbst, beste Monate Juli und September.

Freuden: herrliche Waldwanderung mit überraschenden Ausblicken, und das Schloss Welsperg.

Mühen: der Weg verläuft in 1600 bis 1700 m Höhe und hat eine Höhendifferenz von 700 m; Gehzeit 5 Std. Für Ausdauernde leicht und sehr lohnend.

Ausgangspunkt: Welsberg (1000 m), Ortsmitte, P im Ort.

Der Weg: Von der Mitte des Ortes zwischen den Häusern hindurch, der Mark. 41 A folgend, hinauf zum

1 Schloss Welsperg, dann durchwegs auf Weg Mark. 41 (»Römerweg«) bis zum

2 Ratsberg und Abstieg nach

3 Toblach (1241 m, sehenswerte Pfarrkirche).

Mit dem Linienbus zurück nach Welsberg.

32 Unterwegs auf dem Lausitzer Höhenweg

Eine Rundtour für Berggewohnte am Ende des Ahrntales, sozusagen am äußersten Rand Südtirols

Anfahrt: durchs Pustertal, bei Bruneck ins Ahrntal und bis zum hintersten Ende nach Kasern.
Parken: großer Parkplatz am Ende der Fahrstraße in Kasern.
Sehenswürdigkeiten: die Wallfahrtskirche Heiligkreuz kurz hinter Kasern.

Auf der Südseite der Zillertaler Alpen verläuft der Lausitzer Höhenweg von der Birnlücke bis zum Hundskehljoch. Diese hochalpine Tour beschreibt das östliche Drittel über die Birnlückenhütte (2441 m) und den Abstieg über den Tauernweg. Einkehrmöglichkeit im Schutzhaus an der Birnlücke.
Jahreszeit: Sommer bis Ende September, beste Zeit Hochsommer.
Freuden: der bereits 1903 angelegte herrliche Höhenweg mit prächtiger Aussicht auf die Gletscher von Dreiherrnspitze, Rötspitze und Löffler.

Wer mit offenen Augen wandert, den erwarten tausend Blumenfreuden.

Mühen: über 800 m Aufstieg, mäßig steil, zur Birnlücke 3 Std.; steiler Abstieg über den Tauernweg. Gesamtgehzeit ca. 6 Std.
Ausgangspunkt: Kasern (1600 m) im hintersten Ahrntal, mit Auto erreichbar.
Der Weg: Vom Parkplatz hinter Kasern stets auf Weg Mark. 13 talein und mäßig ansteigend bis zur Lahneralm, später in Serpentinen hinauf zum
(1) Schutzhaus Birnlücke. Über den (2) Höhenweg (Mark. 13) bis zur Neugersdorfer Hütte (heute nutzlose Finanzkaserne). Kurz danach auf dem kreuzenden Tauernweg steil hinunter nach Kasern.

Wer sich für Bergbau interessiert, kann in Prettau einen interessanten Schaustollen besuchen oder auch zu Fuß verschiedene alte Stolleneingänge aufsuchen.

33

Rundwanderung zu den Reinbach-Wasserfällen

Eine mächtige Burganlage, dazu ein spektakuläres Naturschauspiel – Sand in Taufers an der Südseite der Zillertaler Gletschergipfel bietet Wanderfreuden der besonderen Art

Anfahrt: bei Bruneck im Pustertal ins Tauferer Tal bis nach Sand.
Parken: im Ortsbereich von Sand in Taufers.
Sehenswürdigkeiten: das Schloss Taufers an der beschriebenen Route.

Am Ende des breiten Tauferer Tales liegt der Ort Sand mit der eindrucksvollen Burganlage von Taufers, die eine der größten des Landes ist. Nicht weniger eindrucksvoll aber sind die Wasserfälle des Reinbachs, und beides kann man auf dieser Rundtour besichtigen. Einkehrmöglichkeiten entlang des Weges.

Am prächtigen Schloss Taufers sieht man die Wohltaten erfolgreicher Steuereintreibung – zum Schutz der Bürger, versteht sich …

Jahreszeit: Sommer und Herbst, die Wasserfälle sind Ende Juni bis Juli am schönsten.
Freuden: kurze Tour mit sehenswerten Wasserfällen und einer vollständig erhaltenen und eingerichteten Burg.
Mühen: kurze Wanderung mit geringer Höhendifferenz; Gehzeit 2 ½ Std., leicht und sehr lohnend.
Ausgangspunkt: Sand in Taufers, P im Ort.
Der Weg: Zunächst die Straße entlang zum Weiler Winkel, über die Brücke und nun stets auf Weg Mark. 2 hinauf zu den drei Wasserfällen. Eine Brücke überquert die Schlucht, dann geht es hinauf zum Gasthaus Toblhof an der Reintalstraße.
Oberhalb der Straße auf Weg Mark. 6 nach Ahornach und zurück Richtung Sand, auf Weg Mark. 2 a ausgeschildert hinauf zur Burg Taufers. Abstieg ins Dorf.

Mächtigen Schwung und eine gewaltige Portion Draufgängertum haben die Bäche und Gewässer im Ahrntal und in Taufers.

34 Der Arthur-Hartdegen-Höhenweg von Rein zur Hochgallhütte

Eine ebenso großartige wie ausgedehnte Bergtour in der Rieserfernergruppe. Auch als Zweitagestour zu empfehlen

Anfahrt: bei Bruneck ins Tauferer Tal, in Sand Abzweigung ins Reintal.
Parken: im Talboden unterhalb von Rein, Möglichkeiten entlang der Straße.
Sehenswürdigkeiten: der Wasserfall des Reinbaches, das Schloss Taufers.

Luftansicht von Rein in Taufers, das von den Bergen der Rieserfernergruppe umrahmt wird.

Die ausgedehnte Hochgebirgswanderung führt in die Rieserfernergruppe zur Kasseler Hütte (auch Hochgallhütte), unter dem markanten Hochgall und seinen Gletschern vorbei und wieder ins Tal zurück. Als Ganztagestour ein Unternehmen für gehgewohnte Bergwanderer, aber auch als Zweitagestour mit Nächtigung auf der Kasseler Hütte zu empfehlen.

Weit und oftmals steinig sind die Wege ins Hochgebirge, unvergessen jedoch die Sommerabende auf den Hütten.

Jahreszeit: Sommer bis Ende September.
Freuden: Hochgebirgserlebnis auf einem prächtigen Weg.
Mühen: Aufstieg zur Hütte 2 ½ Std., Arthur-Hartdegen-Weg und Abstieg 5 Std.
Ausgangspunkt: im Talboden unterhalb Rein ❶ auf 1700 m.
Der Weg: Auf dem Sträßchen ins Reintal rechts ab auf Weg Mark. 1 erst steil, später mäßig steil auf dem Hüttenweg zur
❷ Kasseler Hütte (2274 m). Auf dem
❸ Arthur-Hartdegen-Weg (Mark. 8) ins Reintal und nach Überquerung des Baches links (8 B) steil hinunter zum Talboden und in diesem entlang auswärts. Für die Zweitagestour empfiehlt sich die Rundwanderung über den Weg Mark. 8 A zu den Kofleralmen.

35

Der Neveser Höhenweg an der Zillertaler Südseite

Eine lange, lohnende Rundwanderung auf guten Wegen zur Chemnitzer und Edelrauthütte

Anfahrt: bei Bruneck ins Tauferer Tal und bei Mühlen ins Mühlwalder Tal bis hinauf zum Neves-Stausee.
Parken: entlang der Straße am Nordufer des Nevessees.
Sehenswürdigkeiten: Schloss Taufers in Sand in Taufers.

Der Neves-Stausee am Abschluss des Mühlwalder Tals ist Ausgangspunkt für den hier vorgestellten Höhenweg.

Auf einem der schönsten Höhenwege der südlichen Zillertaler Alpen führt diese Tour unter den Gletschern des Thurnerkamp und des Großen Möseler vorbei. Die ausgedehnte alpine Tagestour verläuft über einen bestens ausgebauten Weg hoch über dem Neves-Stausee. Einkehr und Schutz bzw. Nächtigung für eventuelle Zweitagestour bieten die beiden Schutzhäuser entlang des Weges.
Jahreszeit: Sommer bis Ende September.
Freuden: der sonnige, auf gleichbleibender Höhe verlaufende Höhenweg.

Mühen: Aufstieg zur Chemnitzer Hütte 550 m Höhendifferenz, 1 ½ Std. Höhenweg 4 Std., Abstieg 1 ½ Std., als Tagestour nur für ausdauernde Bergwanderer, aber ohne besondere Schwierigkeiten.
Ausgangspunkt: Nordufer des ❶ Neves-Stausees oberhalb Mühlwald, mit dem Auto erreichbar.

Der Weg: Vom See (1860 m) auf Weg Mark. 24 zur ❷ Chemnitzer Hütte und mit Mark. 1 dem ❸ Höhenweg folgend bis zur Edelrauthütte (2545 m).
Abstieg zum Neves-Stausee mit Mark. 26.

36 Auf den Dürrenstein – das Erlebnis eines »leichten« Dolomitengipfels

Einer der heißesten Tipps unter Dolomitenfreunden und eine Aussichtswarte der Extraklasse

Anfahrt: durch das Pustertal, hinter Welsberg Abzweigung nach Prags, weiter nach Altprags und hinauf zur Plätzwiese (Hochalm).
Parken: Möglichkeiten auf der Alm, solange Plätze frei sind, ansonsten in Altprags und Bustaxidienst zur Alm.
Sehenswürdigkeiten: der Pragser Wildsee im Nebental.

Von der prächtigen Hochalm Plätzwiese im Pragser Tal führt der Steig auf einen sehr lohnenden Aussichtsberg der Dolomiten, den 2839 m hohen Dürrenstein. Das Panorama bietet im Norden die Zillertaler und die die Hohen Tauern sowie von Osten nach Süden die ganze Pracht der Sextener Dolomiten, des Monte Cristallo und der Hohen Gaisl. Einkehrmöglichkeit besteht auf der Plätzwiese.
Jahreszeit: Sommer, beste Monate sind Juli bis September.
Freuden: mit wenig Mühe einen großen Gipfel und ein weites Panorama erleben. Fotoapparat einpacken!

Ein Klassiker, der Pragser Wildsee und der Seekofel – sie haben an Wildheit und Schönheit bis heute nichts eingebüßt, dem Naturschutz sei Dank.

Der Dürrenstein, ein eigenwilliger Berg. Die Kletterer finden extreme Freeclimbing-Führen an seinen Wänden. Aber auch bei den Wanderern steht er hoch im Kurs.

Mühen: 850 m Höhendifferenz. Für etwas Geübte unschwierig, gut markiert; Gehzeit im Aufstieg 2 ½ Std.; im Abstieg 2 Std.
Ausgangspunkt: Plätzwiese, von Altprags aus mit dem Auto erreichbar, solange Parkplätze frei sind, ansonsten Bustaxidienst.
Der Weg: Von der
❶ Plätzwiese (1993 m) bei den Gastbetrieben links auf Steig Mark. 40 in Serpentinen hinauf. Erst über Wiesen, später über Schrofengelände zum Vorgipfel und über eine kleine Scharte zum
❷ Hauptgipfel des Dürrensteins. Abstieg auf derselben Route.
Variante: Auf Halbweg über den ehemaligen Frontsteig des Ersten Weltkriegs zur Dürrensteinhütte (2028 m) und über den Almweg zurück.

37

Erlebnis Gsieser Tal – der »Almweg 2000«

Almenwanderung mit zahlreichen Einkehrmöglichkeiten abseits des großen Touristenrummels

Anfahrt: ins Hochpustertal, am Ortsbeginn von Welsberg Abzweigung ins Gsieser Tal.
Parken: hinter St. Magdalena, am Ende der Fahrstraße.
Sehenswürdigkeiten: das Schloss Welsperg am Eingang des Gsieser Tals.

Das große Almgebiet im hinteren Gsieser Tal war, und ist heute erst recht, die ideale Landschaft für eine ausgedehnte Almwanderung. Der »Almweg 2000« ist durchwegs als solcher ausgeschildert und verläuft, wie der Name sagt, auf einer Höhe von ca. 2000 m. Der behutsam angelegte Weg erschließt eine herrliche Almlandschaft mit vielen Einkehrmöglichkeiten.

Jahreszeit: Frühsommer bis Anfang Oktober, ideal im Juli.
Freuden: herrliche Alm-Rundwanderung, schöne Hütten, im Herbst Almfest mit kulinarischen Überraschungen.
Mühen: ausgedehnte, aber leichte Wanderung mit 600 m Höhendifferenz; Gesamtgehzeit ca. 5 Std.
Ausgangspunkt: St. Magdalena in Gsies (1480 m), dorthin mit Auto und Linienbus.
Der Weg: Von den Bruggerhöfen kurz hinter
(1) St. Magdalena auf Weg Mark. 48 leicht ansteigend zur
(2) Tscharnitalm, dann der Markierung (rote Punkte) des Almwegs 2000 folgend zur Kipfelalm, über die Stumpfalm zur Kaseralm und Uwaldalm (2042 m).
Abstieg über den Almweg durchs Pfoital zurück zum Ausgangsort St. Magdalena.

Am Eingang des Gsieser Tals versteckt sich ein Kastell: das wuchtige Schloss der Welsperger.

Das Gsieser Tal. St. Magdalena, der Ausgangspunkt der beschriebenen Wanderung, ist an der Talsohle zu erkennen. Ein grünes Seitental des grünen Pustertales

P1
2

38

Auf das Weißhorn

Wer in die Dolomiten will, um gar auf einen richtigen Gipfel zu steigen, frei nach Süden blicken und gleichzeitig Ortler, Brenta und Stubaier Alpen sehen, aber lange Aufstiege vermeiden will, dem sei diese Tour ans Herz gelegt

Anfahrt: durch das Eggental, in Birchabruck Abzweigung zum Lavazè-Joch, dort rechts ab nach Jochgrimm.
Parken: großer Parkplatz am Joch (Ende der Fahrstraße).
Sehenswürdigkeiten: die Porphyrschlucht am Eingang des Eggentals.

Schon die Fahrt durch die Eggentaler Schlucht ist ein Erlebnis, dann die offene Waldfläche am Lavazè-Joch, ganz zu schweigen von der 360-Grad-Rundumsicht am Felsgipfel des Weißhorns (2317 m). Einkehrmöglichkeiten gibt es auf Jochgrimm und an den umliegenden Almen.

Jahreszeit: beste Zeit Frühsommer bis Spätherbst, immer bei klarem Wetter.

Der weite Sattel von Jochgrimm. Hier werden aus den würzigen Berggräsern noch Heubäder bereitet. An den Seiten Weiß- und Schwarzhorn – gleichsam ein geologisches Bilderbuch zum Begehen.

Südtirols Cañon, das »Butterloch« am westlichen Abbruch des Weißhorns.

Zu Füßen der kahlen Dolomitengipfel breitet sich ein unvergleichliches Blumenparadies aus.

Freuden: leichter Aufstieg, beeindruckendes Panorama.
Mühen: leichte Gipfelwanderung, 350 m Höhendifferenz; Gehzeit 1 Std., gutes Schuhwerk ist notwendig.
Ausgangspunkt: Jochgrimm (1990 m), Bergsattel zwischen Schwarzhorn und Weißhorn, mit dem Auto über das Eggental und das Lavazè-Joch erreichbar.
Der Weg: Vom
1 Parkplatz rechts mit Mark. »H« über die Wiesenhänge, später durch Latschenwald (Zwergkiefern) hinauf zum
2 Felsgipfel, der gegen Westen in einen mächtigen Cañon abbricht, die Bletterbachschlucht (Rundwanderung in Radein).

39 Auf dem Hirzelsteig zur Kölner Hütte

Diese Genusstour ins Zauberreich des Rosengartens bietet Bergfreunden das Erlebnis »Dolomiten hautnah«

Anfahrt: durch das Eggental hinauf Richtung Karerpass bis zum Paolinalift.
Parken: an der Talstation des Sesselliftes, gebührenfreie Parkplätze.
Sehenswürdigkeiten: der Karersee entlang der Passstraße, eigener Parkplatz.

In König Laurins Rosengarten wiederholen sich immer wieder der Zauber und der Fluch des unterjochten Zwergenkönigs: das Alpenglühen, die ladinische Enrosadüra.

Eine alpine Tagestour als Rundwanderung. Mit einem Sessellift in luftige Höhen schweben, auf einem bequemen Gebirgssteig an mächtigen Felsburgen entlang gehen und den weiten Blick übers Land genießen, vom Latemar zur Brentagruppe und vom Ortler bis zu den Ötztaler Alpen. Bei der Kölner Hütte die Dolomitenszenerie des Rosengartens erleben, einkehren, über Bergwiesen absteigen und über offene Waldwiesen zurückkehren …
Jahreszeit: Frühsommer bis Spätherbst, beste Monate sind Juli und September.
Freuden: die Dolomiten hautnah erleben, ohne besondere Mühen und Gefahren.

Mühen: 500 m Höhendifferenz im Abstieg, kurzer steiler Abstieg von der Kölner Hütte, keine besonderen Schwierigkeiten, alpine Ausrüstung ist erforderlich; Gesamtgehzeit ca. 3 ½ Std.
Ausgangspunkt: Karerpassgebiet in der Gemeinde Welschnofen, Talstation des Paolina-Sesselliftes.
Der Weg: Mit dem Sessellift zur ❶ Paolinahütte (2125 m), dann mit Mark. 539 auf leichtem Bergsteig und geringer Steigung zur ❷ Kölner Hütte (2339 m). Abstieg zum Frommerjoch und links hinunter, die Straße querend, zur Moseralm und zurück zur Talstation.
Variante: Talfahrt mit dem Laurinlift und von der Frommeralm zurück wie beschrieben.

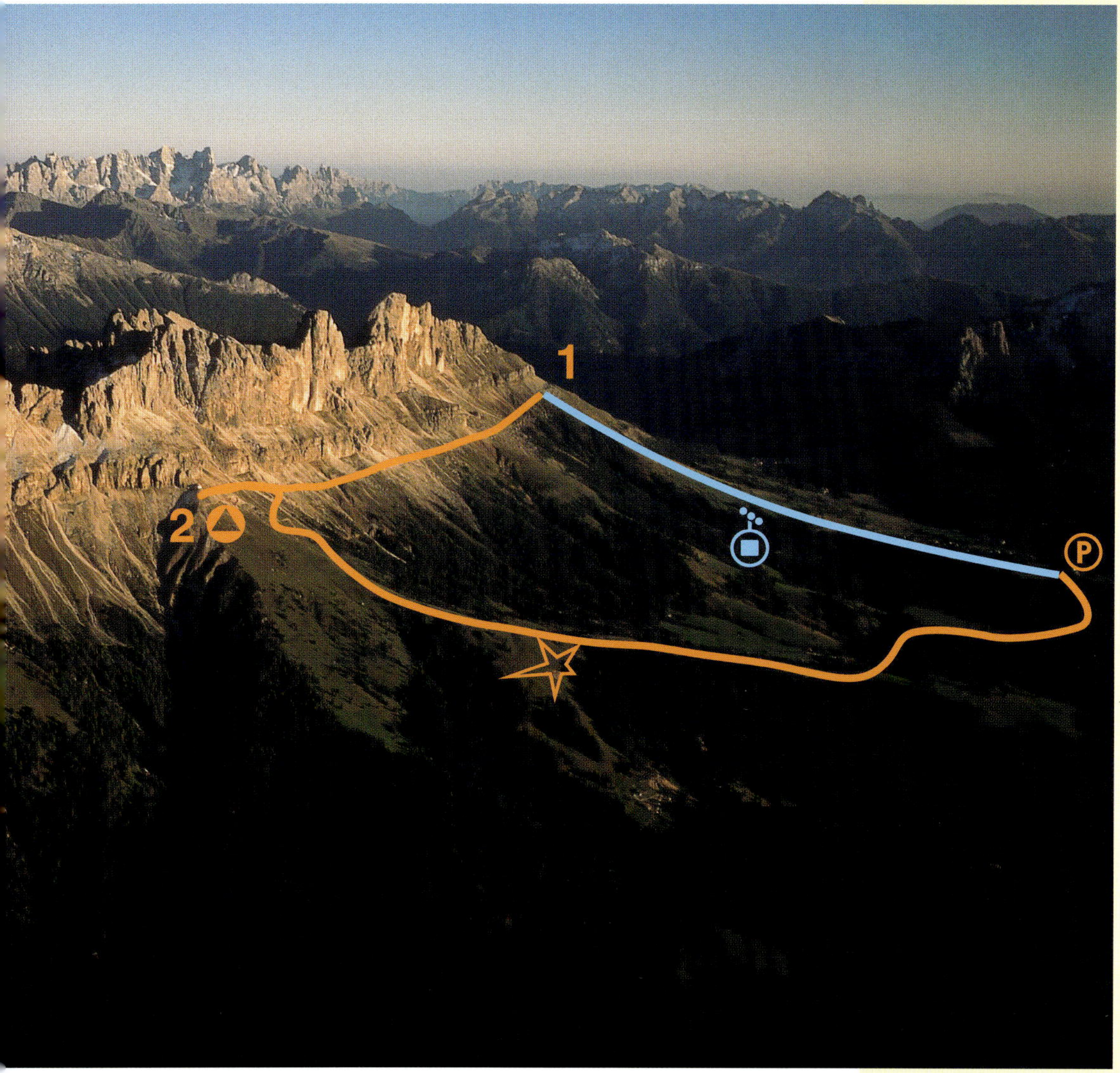

40

Die Umrundung von Lang- und Plattkofel

Zweitagestour für Gehtüchtige auf herrlichen Höhenwegen im Herzen der Dolomiten

Anfahrt: durch das Grödental (eigene Autobahnausfahrt) zum Sellajoch.
Parken: kurz unterhalb des Passes beim Sellajochhaus.
Sehenswürdigkeiten: das Museum Cesa di Ladins in St. Ulrich zur Geologie und Mineraliensammlung.

Vom Sellajoch über den Friedrich-August-Weg zur Plattkofelhütte (für Gehtüchtige ist die Besteigung des Plattkofels unschwierig und sehr lohnend) und zur Seiser Alm; dort Übernachtung. Am zweiten Tag auf herrlichem Höhenweg zuerst um den Platt-, dann um den mächtigen Langkofel herum und am Ende durch die »Steinerne Stadt« zum Sellajochhaus.
Es gibt mehrere Einkehrmöglichkeiten auf Hütten entlang des Weges. Übernachtung beim Zallinger auf der Seiser Alm.

Das Sellajochhaus, Ausgangspunkt dieser Tour, mit Grohmannspitze, Fünffingerspitze und Langkofel.

Die Langkofelgruppe, aus großer Höhe aufgenommen. Wie ein Vulkankrater wirkt das zerklüftete System von Gipfeln, Türmen, Scharten und hohen Wänden.

Jahreszeit: Sommer und Herbst, beste Monate sind Juni und September.
Freuden: prächtiger Höhenweg, abwechslungsreiches Panorama.
Mühen: Höhendifferenz gering, der Weg verläuft auf durchwegs 2000 m; Gehzeit bis Plattkofelhütte 2 Std., bis Zallinger 2 ½ Std., für eventuelle Besteigung des Plattkofels 2 Std., vom Zallinger bis Sellajochhaus 4 ½ Std.
Ausgangspunkt: ❶ Sellajochhaus (2180 m, P) unterm Sellajoch.

Der Weg: Auf dem Friedrich-August-Weg (Mark. 594) zur ❷ Plattkofelhütte (2300 m). Abstieg zum ❸ Zallinger (2037 m). Auf Weg Mark. 527, später 525 und 526 (Stradalweg) zum Col Mesdì und hinüber zum ❹ Schutzhaus Emilio Comici (2153 m).
Nun unter den gewaltigen Felswänden vorbei und durch die »Steinerne Stadt« zurück zum Sellajochhaus.

41

Eine klassische alpine Rundtour in den Sextener Dolomiten

Zur Zsigmondy-Comici-Hütte und über das Büllelejoch zur Dreizinnenhütte

Anfahrt: ins Hochpustertal, bei Innichen Abzweigung ins Sextner Tal, hinter der Ortschaft ins Fischleintal.
Parken: am Ende der Fahrstraße großer Parkplatz.
Sehenswürdigkeiten: der Friedhof mit dem Gemäldezyklus »Totentanz« von Stolz.

Dieser »Klassiker« führt vom Fischleintal zur Zsigmondy-Comici-Hütte unterm mächtigen Zwölferkofel, weiter über das Büllelejoch zur Dreizinnenhütte (mit dem schönsten Blick auf die bekannten Nordwände der Sextener Gipfel) und über die Bödenseen durchs

Die Sextener Dolomiten, eine unwegsame Einsamkeit, die nicht mehr nur den Kletterern gehört.

Altensteintal zurück ins Fischleintal. Die Tagestour beinhaltet die landschaftlichen Höhepunkte der Sextener Dolomiten. Vier alpine Schutzhütten sorgen für Wohl und Sicherheit des Wanderers.
Jahreszeit: Sommer, die Hütten sind von Ende Juni bis Ende September geöffnet.
Freuden: herrliche Ausblicke, speziell für die Freunde der Bergfotografie.
Mühen: lange Tagestour für ausdauernde Bergwanderer, 1100 m Höhendifferenz. Alpine Ausrüstung

Die Dreizinnenhütte am Sattel des Toblinger Riedls. Über ihr erhebt sich der Paternkofel (2744 m).

ist erforderlich, keine besonderen Schwierigkeiten; Gesamtgehzeit: ca. 7 Std.
Ausgangspunkt: Sexten, P am Ende des Fischleintales auf 1400 m.
Der Weg: Vom Fischleintal auf Weg Mark. 103 zur
1 Talschlußhütte (1526 m) und hinauf zur
2 Zsigmondy-Comici-Hütte (2224 m, 2 ½ Std.). Auf alten Kriegspfaden zum Oberbachernjoch (2519 m) und zur
3 Büllelejochhütte (2530 m). Über Geröllsteige leicht abwärts und hinüber zur
4 Dreizinnenhütte (2405 m, gute 2 Std.).
Abstieg über die Bödenseen durch das Altensteintal auf Weg Mark. 102 zurück zum Talschluss, 2 ½ Std.

42

Drei-Zinnen-Umrundung – Vertikale hautnah

Diese Tour ist ein Höhepunkt für den Dolomitenwanderer: hochalpin, aber leicht, rund um das berühmteste und meistfotografierte Felsgebilde der Dolomiten

Anfahrt: durch das Pustertal bis Toblach, rechts weiter Richtung Cortina und über eine kurze Mautstraße hinauf zur Auronzohütte.
Parken: großer Parkplatz bei der Auronzohütte.
Sehenswürdigkeiten: der Misurinasee.

Die Drei Zinnen mit ihren fünf Spitzen, von links nach rechts: Preußturm, Punta di Frida, Kleine, Große und Westliche Zinne.

Der Architekt Le Corbusier nannte die Drei Zinnen die schönste Architektur der Welt. Schwierige Kletterrouten führen durch die Nordwände, aber der Wanderer kann von der Dreizinnenhütte aus mit dem Fernglas die Kletterartisten gefahrlos bewundern. Drei Schutzhütten entlang des Weges sorgen für Wohl und Sicherheit.
Jahreszeit: Sommer und Frühherbst.
Freuden: das Felsgebilde der Drei Zinnen aus allen vier Himmelsrichtungen zu bewundern.
Mühen: ausgedehnte Rundwanderung im Hochgebirge mit geringer Höhendifferenz; Gehzeit ca. 4 Std.

Ausgangspunkt: Auronzohütte (2320 m), auf Mautstraße von Misurina zu erreichen.
Der Weg: Vom Parkplatz der
1 Schutzhütte Auronzo auf Weg Mark. 101 über den
2 Paternsattel zur Dreizinnenhütte (2405 m).

Rückweg: Der Mark. 105 (Alta Via Dolomitica) folgend abwärts und über die weite Hochfläche im Gegen-Uhrzeiger-Sinn rund um die Drei Zinnen herum. Die Tour kann natürlich auch in umgekehrter Richtung empfohlen werden.
Den Fotografen wird allerdings die erste Variante ans Herz gelegt.

43 Die Umrundung des Peitlerkofels

Diese klassische Dolomitentour mit herrlichen Ausblicken führt im Uhrzeigersinn um die Felspyramide des Peitlerkofels herum

Anfahrt: von Brixen aus, aber auch durch das Villnößtal zum Würzjoch.
Parken: auf der Passhöhe ausreichende Möglichkeiten.
Sehenswürdigkeiten: im Villnößtal herrliche Fotomotive.

Die Überschreitung zweier Scharten führt vom Norden in die Almenlandschaft der blumenreichen Peitlerwiesen und wieder zurück zum Würzjoch.
Jahreszeit: Sommer bis Herbst, beste Monate Juni und September.

Freuden: die abwechslungsreichen Ausblicke auf die klassische Dolomitenlandschaft.
Mühen: leichte aber ausgedehnte Ganztagestour, Höhendifferenz 550 m, Gehzeit 5 Std.

St. Johann in Ranui am Weg Richtung Peitlerkofel- und Geislergruppe.

Der Peitlerkofel: Bis ganz auf den Gipfel führt ein Klettersteig. Die Umrundung des Berges ist nicht minder lohnend.

Ausgangspunkt: das Würzjoch, Passhöhe zwischen dem Eisacktal und dem Gadertal.
Der Weg: Vom
❶ Würzjoch (2006 m) auf Weg 8 südwärts, dann links auf Weg 8 B weiter zum
❷ Gömajoch (2150 m), über die Peitlerwiesen. Nun südliche Querung des Peitlerkofels und hinauf zur
❸ Peitlerscharte (2357 m), kurzer Abstieg und aufgesichertem Steig zurück zum Ausgangspunkt.

Ständige Begleiter auf Bergwanderungen mit unstillbarem Interesse am Inhalt von deren Brotzeitdosen – die Bergdohlen.

44

Rundwanderung auf die Hochfläche des Naturparks Puez-Geisler

Ein herrlicher Dolomitentag mit Einkehr auf einer schön gelegenen Schutzhütte

Anfahrt: durch das Grödental bis Wolkenstein und links ins Langental.
Parken: hinter der Carabinierikaserne am Eingang des Langentales großer Parkplatz.
Sehenswürdigkeiten: siehe Tourentipp Nr. 40.

Der Naturpark Puez-Geisler umfasst die gleichnamigen Dolomitengruppen zwischen dem Villnöß-, dem Gadertal und Gröden. Der alpine Weg führt von Gröden aus durchs Langental auf die Hochfläche zur Puezhütte, als Rundtour zu beeindruckenden Felswänden und zu einer prächtigen Fernsicht.
Jahreszeit: Sommer und Herbst, bester Monat ist der September.
Freuden: das naturgeschützte Langental, die Wildheit der Dolomiten.
Mühen: 930 m Höhendifferenz, 3 ½ Std. im Aufstieg und 2 ½ Std.

Fernsicht über die verwobene, zum Teil verschleierte Reihe verschiedener Horizonte, die sich zum malerischen Landschaftsbild zusammenfügen.

Jahrtausende bevor die Römer kamen, war das Dolomitengebiet schon besiedelt. Die Dolomitenladiner sind die älteste Volksgruppe in Südtirol.

im Abstieg, für Gehgeübte leicht und sehr lohnend. Alpine Ausrüstung ist erforderlich.
Ausgangspunkt: Wolkenstein in Gröden, mit dem Auto bis zum Parkplatz im Langental (1600 m).
Der Weg: Durchs grüne Langental stets mit Mark. 4, an der St.-Silvester-Kapelle vorbei, leicht ansteigend bis zur Abzweigung; links durch steileren, lichten Wald hinauf zur
1 Puezalpe und auf dem Dolomitenweg zur
2 Puezhütte (2475 m).
Abstieg auf Weg Mark. 14 etwas steil ins Langental hinunter und fast eben zurück.

45

Von der Seiser Alm zum Schlern – unterwegs zum Wahrzeichen Südtirols

Das Schlernhaus, Südtirols größte Schutzhütte, ist schon ein Ziel für sich

Anfahrt: durch das Eisacktal, bei Atzwang Abzweigung ins Schlerngebiet, hinauf zur Seiser Alm.
Parken: auf der Alm großer gebührenpflichtiger Parkplatz
Sehenswürdigkeiten: vor der Ortschaft Völs, Abstecher zum Schloss Prösels.

Der Gipfel des Schlern ist nur 2560 m hoch, die Rundsicht dort oben ist aber gewaltig: Rosengarten und Langkofel unmittelbar nah, die Ötztaler und Ortlergruppe in weiter Ferne. Prähistorische Kultplätze beweisen, dass es schon früh Menschen auf diesen magischen Berg gezogen hat.
Jahreszeit: Sommer bis Spätherbst, beste Monate sind Juli (Bergblüte) und September (Fernsicht).

Der Schlern, Besuchermagnet mit Tradition: einst Kultplatz und Hexenboden, heute Standort des Schlernhauses.

Schloss Prösels vor der Kulisse des Schlern lohnt einen kleinen Abstecher.

Freuden: über die weiten Wiesen der Seiser Alm auf einen lohnenden Berg zu wandern.
Mühen: für die 760 m Höhendifferenz sind 3½ Std. Gehzeit bis zum Gipfel einzuplanen. Etwas lang, aber ohne Schwierigkeiten; alpine Tour!
Ausgangspunkt: mit Auto oder Bus auf die Seiser Alm bis zum Frommer (1670 m). (P).

Der Weg: Mit dem Sessellift zur Anhöhe
❶ Spitzbühel (1929 m), auf Weg Mark. 5 über Wiesen leicht absteigend zur Saltnerhütte und zum Frötschbach, dann mit Mark. 1 ansteigend zum
❷ Schlernhaus (2457 m) und kurz hinauf zum
❸ Gipfel des Schlern.
Rückkehr auf demselben Weg.

46

Alta Badia – Col di Lana – vom Valparola-Pass auf den Blutsberg

Anfahrt: durch das Gadertal Richtung Cortina d'Ampezzo auf den Valparola-Pass.
Parken: auf der Passhöhe (Gasthaus).
Sehenswürdigkeiten: die Pfarrkirche in Pedratsches.

Eine Wanderung im Herzen der Dolomiten, in eine fast unberührte friedliche Landschaft – mit einer schrecklichen Vergangenheit

»Col di sangue« tauften die italienischen Alpini den Col di Lana, Blutsberg auf deutsch. Im Ersten Weltkrieg wurde an dieser Dolomitenfront mit dem Col di Lana ein ganzer Gipfel weggesprengt, um der Höhe strategisch habhaft zu werden. Blutgetränkt ist der Berg heute nicht mehr, nur am

Von der einstigen Hügelform, die dem Col di Lana zu seinem Namen verhalf, haben die Ereignisse des Ersten Weltkriegs nichts übrig gelassen. Unter dem Krater, der einst Gipfel war, dehnt sich heute ein beispielloses Blumenparadies, das die blutige Geschichte beinahe vergessen machen könnte.

Mondlandschaft, vom Menschen geschaffen – oder was vom Col di Lana übrig blieb. Rechts leuchtet die Marmolata.

Abend leuchtet er blutrot. Dafür bietet dieser leichte Gipfel eine herrliche Rundsicht.

Jahreszeit: Sommer bis Herbst.

Freuden: das Bergpanorama von der Sella zur Marmolata, Civetta, Antelao und Lagazuoi.

Mühen: ausgedehnte Bergwanderung mit 300 m Höhendifferenz und kurzem Gipfelanstieg, Gehzeit 4½ Std.

Ausgangspunkt: der Valparola-Pass in Badia.

Der Weg: Vom Pass aus hinter dem Gasthof vorbei und auf Weg 23 zunächst leicht abwärts, dann im leichten Auf und Ab unter den Felswänden des Settsass vorbei zum

❶ Sief-Sattel. Nach kurzem Aufstieg erreicht man den Gipfel des

❷ Sief, zum Hauptgipfel des

❸ Col di Lana (2462 m) führt ein gesicherter Steig, der keine besonderen Anforderungen stellt. Am Gipfel steht eine Gedenkstätte mit Kapelle.

Rückweg auf derselben Route.

47 Die Besteigung des Sas Songher

Bergerlebnis der besonderen Art: Ziel ist ein Gipfel, der aus dem Tal nahezu unersteigbar aussieht

Anfahrt: über das Grödner Joch, oder vom Pustertal ins Gadertal bis nach Colfuschg.
Parken: oberhalb des Ortes, am Beginn des Edelweißtales, gebührenfreies Parken.
Sehenswürdigkeiten: das Kirchlein von Colfuschg gegen die Sella, lohnendes Fotomotiv.

In Corvara im Hochabteital (Alta Badia) beherrscht ein Felsgipfel die Landschaft – der Sas Songher, der wie ein Wachturm am östlichen Rand des Naturparks Puez-Geisler steht. Er scheint für den normalen Bergwanderer unbezwingbar, aber es gibt einen mäßig schwierigen Aufstieg ohne Kletterei zum mächtigen und luftigen Gipfel. Mit ein bisschen Bergerfahrung schenkt diese Tour einen grandiosen Ausblick.

Jahreszeit: Sommer bis Ende September.
Freuden: ein echter Dolomitengipfel, das Panorama reicht von der Sella über das Alta Badia zu Fanes und Kreuzkofel.
Mühen: 900 m Höhendifferenz; 3 Std. im Aufstieg und 2 ½ Std. im Abstieg, Trittsicherheit und Berg-

Der Gipfelaufbau des Sas Songher scheint nur für Kletterer erreichbar zu sein – doch das ist eine optische Täuschung, wie erfahrene Bergwanderer bestätigen werden.

Wie ein gewaltiger Zahn erhebt sich der Sas Songher über Corvara.

erfahrung sind notwendig; mäßig ausgesetzt.

Ausgangspunkt: Colfuschg (Colfosco), per Auto zum Ortsteil Longiarù (1650 m, P).

Der Weg: Von

❶ Longiarù auf Weg Mark. 4 mäßig steil, später in Serpentinen ins Edelweißtal, dann mit Mark. 7 rechts den etwas ausgesetzten Steilhang querend hinauf zur

❷ Sas-Songher-Scharte und auf gutem Steig in Kehren zum

❸ Gipfel (2665 m).

Selber Rückweg auf gut markierten Wegen.

48 Rundwanderung im Naturpark Fanes-Sennes-Prags

Unterwegs zu den Schauplätzen der Dolomitensagen

Anfahrt: durch das Pustertal, bei St. Lorenzen Abzweigung ins Gadertal (Alta Badia), in Zwischenwasser ab nach St. Vigil-Pederü.
Parken: am Kreidesee oder in Pederü (gebührenpflichtig).
Sehenswürdigkeiten: die Viles, ladinische Höfegruppen in Enneberg.

Hinter St. Vigil erstreckt sich das lange und wunderschöne alpine Hochtal Val dei Tamersc (Rautal) bis nach Pederü. Die Wanderung führt hinauf ins »sagenhafte« Fanesgebiet, zu Seen und in den großen Talkessel der Fanesalm. Alles zusammen liegt im Dolomiten-Naturpark Fanes-Sennes-Prags. Einkehrmöglichkeiten gibt es in Pederü und oben auf der Lavarella- und Faneshütte.

Das Land Südtirol hat mit strengen Gesetzen und Maßnahmen eine Reihe von Naturparken ausgewiesen, um die unberührte Landschaft auch nächsten Generationen zu erhalten.

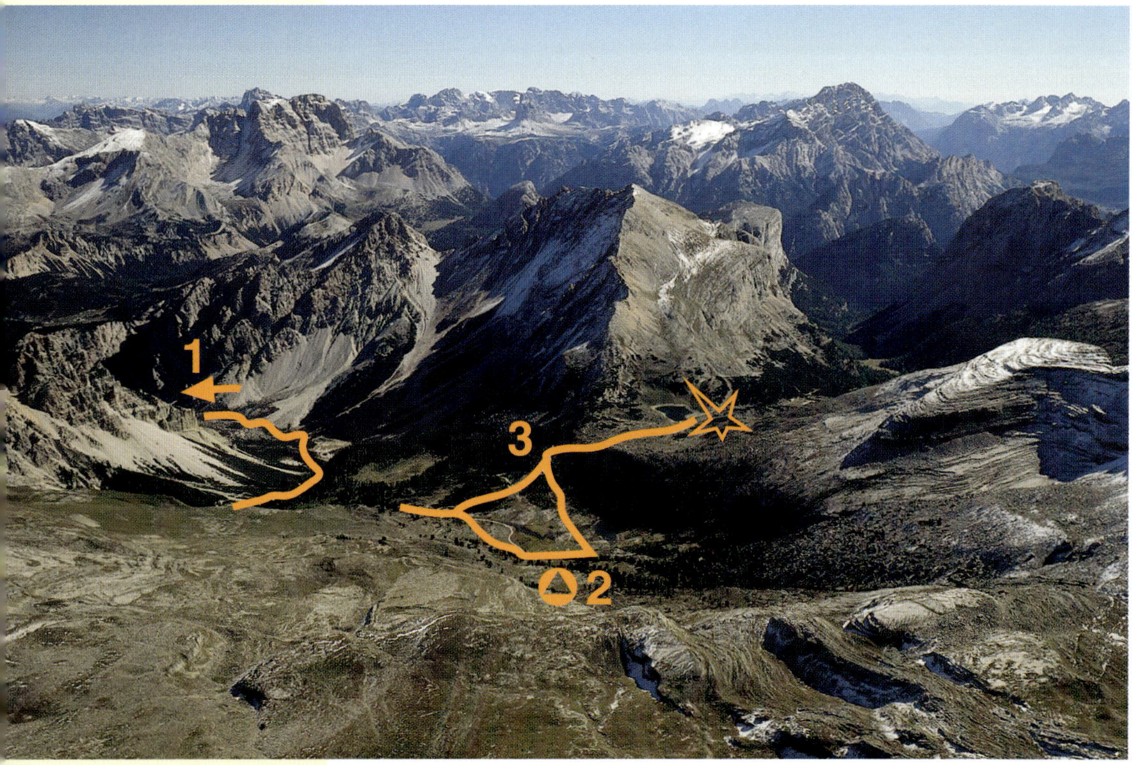

»Parlament der Murmeltiere« nennt der Volksmund diese reizvolle stufenförmige Dolomitschichtung.

Jahreszeit: Sommer bis Ende September, beste Zeit ist Anfang Juli (Bergblüte).
Freuden: das Dolomitenhochtal, die Seen und eine geologische Besonderheit, die Gesteinsformation des so genannten Parlaments der Murmeltiere, Schichtstufen aus Dolomitgestein.
Mühen: leichte Wanderung von Pederü aus, 500 m Höhendifferenz; Gesamtgehzeit 3 ½ Std.
Ausgangspunkt: ❶ Pederü (1540 m) im hinteren Rautal, mit dem Auto von St. Vigil aus erreichbar (ab Kreidesee Mautstraße wegen der beschränkten Parkmöglichkeit in Pederü).
Der Weg: Von Pederü (Gasthaus) stets auf Weg Mark. 7 teils dem Schotterweg, teils dem Steig folgend, in leichter Steigung hinauf nach Klein-Fanes. Beim zweiten See (Parlament) rechts hinüber zur
❷ Lavarellahütte (2042 m) und in weitem Bogen vorbei an kleinen Seen hinauf zur
❸ Faneshütte (2060 m). Direkter Abstieg auf Weg Mark. 7. Der kleine Abstecher (ca. ½ Std.) zum Limosee (2159 m) hinauf ist lohnend.

49 Zur Ruine Festenstein und nach Gaid

Zwei Burgen und zwei typische Bauernschänken säumen den Weg durchs südliche Etschtal auf dieser Tagestour

Anfahrt: zwischen Meran und Bozen, Abfahrt ins Weindorf Andrian.
Parken: im Ortsbereich.
Sehenswürdigkeiten: die Porphyrschlucht zu Beginn des Weges.

Von den Wein- und Obsthängen des Etschtals durch eine Porphyrschlucht zur verborgenen Ruine Festenstein. Der Weg führt auf die Mittelgebirgsterrasse von Gaid, unterhalb des mächtigen Gantkofels.
Jahreszeit: von Frühling bis Spätherbst alle Monate geeignet, Aufstieg auch im Sommer kühl.
Freuden: ruhige Tour durch bunten Mischwald zu einsamen Höfen, und gemütlichen Einkehrmöglichkeiten bei Bauern.
Mühen: Gesamtgehzeit gut 3½ Std., der Aufstieg zur Ruine Festenstein ist im letzten Teil steil, aber gesichert und unschwierig.
Ausgangspunkt: Andrian (283 m), P im Dorf.

Andrian, das Weindorf zwischen Nals und Unterrain, ist typisch für die Siedlungen des Etschtales, die sich an die Schwemmkegel schmiegen.

Bacchus amat colles, sagten die Lateiner, die Rebe liebt die Hügellage. Manch einsamer Laubbaum scheint das auch zu tun.

Der Weg: Am oberen Ende von
❶ Andrian führt der Weg Mark. 15 in die Festensteinschlucht (Porphyr); zuerst leicht, später steiler ansteigend zur Ruine und weiter nach
❷ Gaid (Moarhof). Über den Larchsteig Richtung Sirmian hinunter zum
❸ Bittnerhof und kurz darunter rechts ab, der Beschilderung »Andrian« folgend, zum Wolfsthurn und zurück nach Andrian.

Am oberen Ende einer Felsenschlucht versteckt sich die Ruine Festenstein.

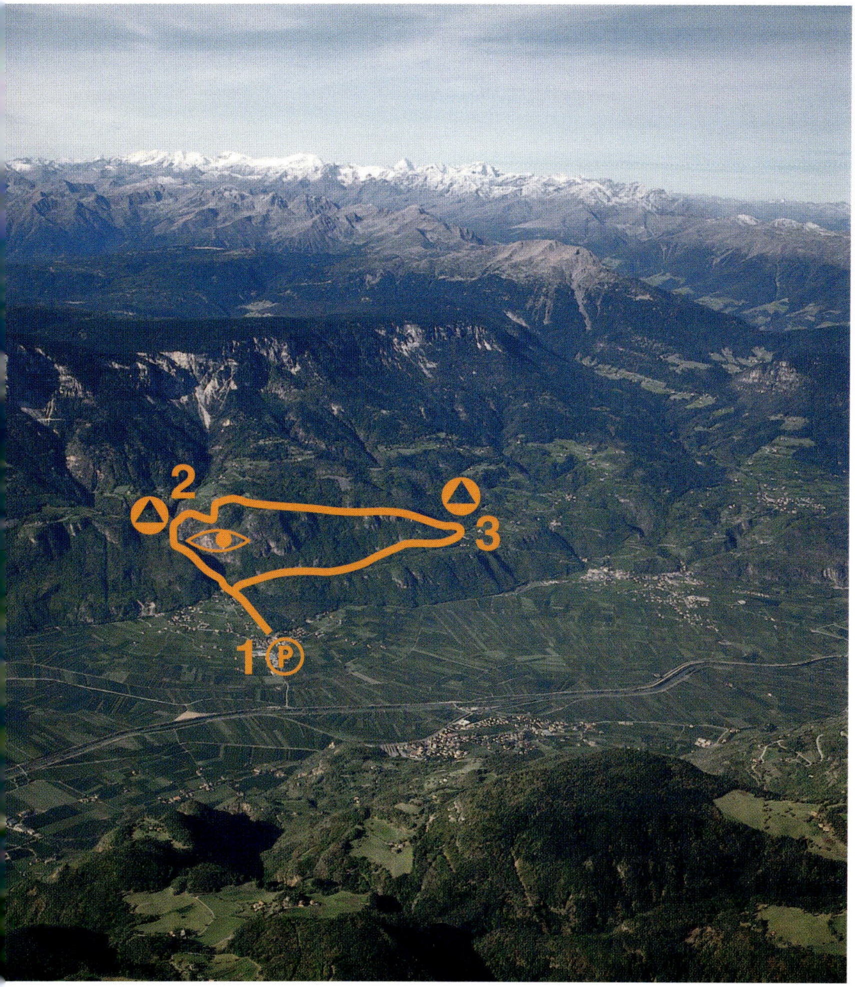

50 Durch das Frühlingstal zum Montiggler See

Das Weindorf Kaltern mit seinen weiten Rebanlagen, das Frühlingstal, der Montiggler Wald und der große Montiggler Badesee lassen sich mit einer Rundwanderung kombinieren, die man das ganze Jahr über begehen kann

Anfahrt: auf der Weinstraße ins Überetsch nach Kaltern.
Parken: am Ortsbeginn bei den Kellereien.
Sehenswürdigkeiten: das Weinmuseum im Ortszentrum.

Ein Besuch im Weinmuseum bestärkt den Glauben, dass man Wein auch aus Trauben machen kann …

Diese Wanderung verbindet auf ruhigen Wegen zwei quirlige Orte.
Jahreszeit: fast immer möglich, für die Blüte im Frühlingstal März, für frisch grünende Reben und Laubwald Mai und für die herbstliche Farbenpracht Oktober.
Freuden: durch vielfältige südliche Vegetation zu einem dunklen Waldsee.
Mühen: Halbtagestour mit geringer Höhendifferenz, für jedermann geeignet; Gehzeit 3 ½ Std.
Ausgangspunkt: Kaltern (426 m), P bei den großen Kellereien.
Der Weg: Am Anfang des Dorfes zum
❶ Kalvarienberg und hinunter zu einer Flurstraße, diese (Mark. 19) entlang durch Obst-, dann durch Weinanlagen hinunter bis zur Abzweigung »Frühlingstal« (Mark. 20). Links hinauf zum
❷ Montiggler See (500 m). Beim Gasthof am See links hinauf zum großen Parkplatz und (Mark. 4) durch den Mischwald zurück. Bei der Weggabelung weiter mit Mark. 4A zum Gasthof »Christl im Loch« und auf der alten Bahntrasse, jetzt Promenade, zurück nach Kaltern.

Der Kleine und der Große Montiggler See inmitten des Montiggler Waldes. In der Ebene der Kalterer See, links das silberne Band der Etsch.

Das malerische Weindorf Kaltern an der Südtiroler Weinstraße.

51

Eppaner Burgenrunde: wandern und einkehren

Der Süden Südtirols, wie man ihn sich für eine Wanderung nur erträumen kann: ein Wechselspiel von kulinarischen und kulturellen Genüssen par excellence

Anfahrt: über die Weinstraße nach Missian in der Gemeinde Eppan, bis zum Schlosshotel Korb.
Parken: im Bereich vor dem Hotel oder der Straße entlang beschränkte Möglichkeit.
Sehenswürdigkeiten: die Burgen entlang des Weges, Kellereibesuch in St. Pauls.

Die gemütliche Burgenrunde, auch als Halbtagestour machbar, führt von einem Schlosshotel zur Familienfestung der »Hocheppaner« mit freskoreicher Burgkapelle, durch eine handfeste Schlucht und zur Burgruine Boymont. Die Burgenlandschaft der Weinstraße bietet hier einen Höhepunkt. Die romanischen Fresken auf Hocheppan, der imposante Blick auf Bozen und die Dolomiten sowie die rustikalen Einkehren versprechen einen genussreichen Tag.

Die Burg Hocheppan, ein Bollwerk der Grafen von Eppan, im Mittelalter eines der mächtigsten Geschlechter im Alpenraum.

Jahreszeit: kann fast das ganze Jahr über begangen werden, beste Monate sind Mai/Juni und September/Oktober. Im Hochsommer etwas warm.
Freuden: etwas wandern, schauen, genießen und einen guten Landwein trinken.
Mühen: kurze Rundwanderung mit zwei steileren Anstiegen, ein Aufstieg erfolgt auf befestigten Holztreppen; keine besondere Schwierigkeit; Gehzeit ohne Besichtigung und Einkehr gute 2 Std.
Ausgangspunkt: Missian in der Gemeinde Eppan, beim Hotel Schloss Korb (440 m).
Der Weg: Mit dem Auto oder Fahrrad von der Weinstraße nach Missian, ab
❶ Schloss Korb der Beschilderung »Hocheppan« folgend der Straße entlang durch Weingärten und hinauf zum
❷ Schloss Hocheppan (628 m). Abstieg auf Weg Mark. 9 A in die Schlucht, über Treppen hinauf zur
❸ Burgruine Boymont (580 m) und Abstieg zum Ausgangspunkt.

Schloss Korb, Hocheppan und Schloss Boymont – das reizvolle Burgendreieck im Überetsch.

2
3
1 P

52

Von Kaltern nach Altenburg

Spaziergang über einen Klammsteig zu einem prähistorischen Kultplatz

Anfahrt: über die Weinstraße nach Kaltern, Richtung Altenburg zur Sportzone.
Parken: im Bereich der Sportzone ausreichende Parkmöglichkeiten.
Sehenswürdigkeiten: das Weinmuseum im Zentrum von Kaltern, Kellereibesuch.

Zwischen Kaltern und Tramin liegt etwas versteckt der Weiler Altenburg; diesem vorgelagert eine prähistorische Siedlungskuppe mit Felszeichen und der Ruine der frühchristlichen Kirche St. Peter. Der mythische Platz kann über einen gesicherten Steig durch die Rastenbachklamm erstiegen werden.

Jahreszeit: von Frühjahr bis Spätherbst empfehlenswert, im Sommer etwas warm.
Freuden: die Besteigung des Kulthügels.
Mühen: leichte Rundwanderung mit geringem Höhenunterschied,

Das nunmehr verfallene Kirchlein St. Peter in Altenburg soll vom hl. Vigilius gegründet worden sein.

Die Apsis von St. Peter, eine der ältesten Kirchen Tirols.

Altenburg bei Kaltern. Der Weg führt, Autolärm meidend, durch einen lichten Wald von Buchen und Föhren.

der Steig durch die Rastenbachklamm ist gesichert.
Gehzeit 2½ Std.; leicht und lohnend.
Ausgangspunkt: ❶ Kaltern (426 m), P in der Sportzone Altenburg.
Der Weg: Vom Parkplatz auf Weg Mark. 11 Richtung Altenburg, Abstieg in die ausgeschilderte »Rastenbachklamm« (auf gesicherten Holzstegen kurz hinunter) und zur Bergkuppe hinauf.
Rückweg zum Bergsattel und hinauf nach
❷ Altenburg, bergseitig der Straße entlang und kurz hinauf zum
❸ Kalterer Höhenweg (Mark. 9), durch Mischwald zurück und Abstieg zur Sportzone.

53 Die Blumenwiesen am Roèn

Eine botanische Wanderung zum Panoramaberg des Südens von Kaltern auf den Mendelpass

Anfahrt: nach Kaltern Richtung St. Anton zur Talstation der Mendel-Standseilbahn, oder direkt zum Mendelpass und links weiter nach Halbweg.
Parken: bei der Talstation bzw. beim Gasthaus Halbweg.
Sehenswürdigkeiten: siehe Tourentipp Nr. 52.

Vom Roèn aus öffnet sich der Blick dorthin, wo sich die Etsch gegen Mittag wendet und in das Land zeigt, »wo die Zitronen blüh'n«.

Vom Mendelpass über den weiten Rücken gegen Süden und über Blumenteppiche auf einen einfachen Gipfel mit prächtigem Rundblick. Im Juni blühen entlang des Weges alle Sorten Enzian, Waldrebe, Akelei und die gesamte Flora, die die Kalk- und Dolomitenwelt zu bieten hat. Von Kaltern aus kann diese Tour auch ohne Auto mit Hilfe der Standseilbahn auf die Mendel unternommen werden. Einkehrmöglichkeiten entlang des Weges.
Jahreszeit: von Frühsommer bis Herbst, bester Monat ist Juni.
Freuden: die Blumenpracht, der Tief- und Fernblick.
Mühen: vom Mendelpass aus fünfstündige Wanderung hin und retour, von Halbweg 1 Std. weniger, 700 m Höhendifferenz. Eine für Ausdauernde leichte Tour.
Ausgangspunkt: Variante 1: mit der

(1) Seilbahn von Kaltern auf die Mendel (1363 m).

Variante 2: mit dem Auto zur Mendel und weiter nach Halbweg (1594 m, P).

Der Weg: Von der

❷ Mendel oder von Halbweg mit Mark. 521 durch Wald zur

❸ Roènhütte (Malga Roèn, 1773 m) und weiter über die steileren Wiesenhänge zum Gipfel des

❹ Roèn (2116 m).

Der Abstieg erfolgt über die weiten Wiesen gegen Westen und über die mit »E« bezeichnete Variante zurück zur Roènhütte. Der Roèn kann von der Überetscher Hütte (1775 m) aus von Geübten auf leichtem Klettersteig erklommen werden.

54

Das »Arkadien Tirols«

Ein Spaziergang von Auer auf den prähistorischen Platz von Castelfeder

Anfahrt: über die Staatsstraße nach Auer, Abzweigung Richtung Fleimstal.
Parken: 1 km nach der Abzweigung.
Sehenswürdigkeiten: die Laubengasse im Nachbardorf Neumarkt.

Zwischen Auer und Neumarkt im Südtiroler Unterland erhebt sich ein flacher Mittelgebirgsrücken, mit erstaunlich vielfältiger Vegetation bewachsen und mit allerlei historischen Überresten, die davon zeugen, dass hier jahrtausendelang gesiedelt und gekämpft wurde. Viel ist nicht übrig geblieben, aber die Landschaft vermittelt einen Hauch von Arkadien und zaubert daraus einen mythischen Ort. Hier kann man verweilen. Von Auer aus ist es ein Spaziergang.
Jahreszeit: das ganze Jahr über, beste Zeit ist das Frühjahr.
Freuden: am späteren Nachmittag, durch die Flaumeichen und

Ein Porphyrhärtling hat den Strömen der Eiszeit und der Biegung der Etsch widerstanden und erinnert nun an die Landschaft auf dem Peloponnes, dem bevorzugten Schauplatz der Hirtenpoesie.

Neben den Rundbögen findet man auf Castelfeder auch eine prähistorische Rutschbahn, die einen gewaltigen Fruchtbarkeitszauber ausstrahlt.

Blick über das Südtiroler Unterland. Am linken Bildrand der Kalterer See zu Füßen des Mendelkamms.

Mannaeschen zu den byzantinischen Bögen.
Mühen: leichter Spaziergang von Auer, geringe Höhendifferenz, Gehzeit hin und retour 2 Std.
Ausgangspunkt: Auer (260 m), Fleimstaler Straße.
Der Weg: Auf der Fleimstaler Straße (Dolomitenstraße) kurz hinauf und rechts ab auf Weg Mark. 5 zur
1 Kuppenhöhe (405 m); nun beliebig wandelnd vorbei an Mauerresten unterschiedlicher Epochen nach Süden bis zu den
2 Drei Bögen.
Auf demselben Weg zurück oder Richtung Osten zur Straße und auf Weg 5b zurück ins Dorf.

55

Auf vorzeitlichen Spuren durch den Montiggler Wald

Eppan – Rungghof – Montiggl – Wilder Mann – Wasser und Wald: eine Wanderung für heiße Sommertage

Anfahrt: auf der Weinstraße nach Girlan und über Schreckbichl zum Rungghof.
Parken: bei den Sportplätzen am Rungghof.
Sehenswürdigkeiten: Schloss Moos-Schulthaus in St. Michael, oder Kellereibesuch in Girlan.

Schloss Moos-Schulthaus birgt viele kleine Überraschungen.

Im Südtiroler Überetsch, von den Weinreben durch bunten Mischwald zu einem herrlichen Badesee mitten im Wald. Auf verschlungenen Wegen zum »Wilden-Mann-Bühel«, der seinen Namen wohl von den Menschen haben dürfte, die hier auf nachgewiesenem Siedlungsgebiet der Bronzezeit gehaust haben.

Jahreszeit: kann das ganze Jahr über begangen werden, auch im Sommer – der Wald ist schattig.
Freuden: bunter Mischwald, idyllische Seen.
Mühen: leichte Wanderung, kaum Höhenunterschied, Gehzeit ca. 3 Std.
Ausgangspunkt: Sportzone Rungghof, hinter Schreckbichl.
Der Weg: Vom Rungghof der Mark. M folgend durch den Mischwald im leichten Auf und Ab zum **1** Kleinen Montiggler See. Der größere der beiden Seen liegt etwa 10 Gehminuten weiter unten. Es empfiehlt sich die Umrundung des idyllischen kleinen Sees. Nun denselben Weg M zurück und rechts ab auf Weg Nr. 1 hinauf zum Wilden-Mann-Bühel und dann der Beschilderung »Rungghof« folgend zurück zum Ausgangspunkt.

Die Montiggler Seen blicken wie zwei Augen aus dem sie umgebenden Wald. Im dicht besiedelten Überetsch hat man diese Naturschönheiten vor jeglicher Verbauung verschont.

Das romantische »Schlössl« im Schilf am Westufer des großen Montiggler Sees.

Impressum

Sämtliche Aufnahmen: Tappeiner AG, Lana – mit Ausnahme der Abbildung auf Seite 108 (Hans Dosser)

Konzeption/Gestaltung/ Satztechnik: Helmut Krämer

Umschlag der Ausgabe des Weltbild Verlages: Medienprojekte München

Kartografie: Studio für Landkartentechnik Norderstedt – Abdruck mit freundlicher Genehmigung des Landesverkehrsamtes Südtirol

Gesamtherstellung: Tappeiner AG, Lana (BZ) Gedruckt auf chlor- und säurearmem Papier

Ausgabe 2005

ISBN 88-7073-268-1

Printed in Italy

Register